connaissance
D'UNE ŒUVRE

Jean-Jacques Rousseau

CONFESSIONS

Livres I à IV

Geneviève BUSSAC
Agrégée de Lettres Classiques

Bréal éditions
1, rue de Rome - 93561 Rosny Cedex

Dépôt légal : juillet 1997.
ISBN 2 84291 018 4

JEAN-JACQUES ROUSSEAU

CONFESSIONS

Livres I à IV

AVANT-PROPOS

Les *Confessions* furent écrites par Rousseau quand il était âgé de 50 ans. Il était alors politiquement indésirable, et personnellement brouillé avec tous ses amis. Le sentiment qu'il était persécuté et la certitude de son innocence lui firent imaginer de recourir à une œuvre où il voulait se montrer tel qu'il était – tel qu'il croyait être vraiment. Dès 1762, ses *Lettres* à M. de Malesherbes font part de ce projet.

On voit dans les *Confessions*, plus que dans n'importe quelle œuvre de Rousseau, l'usage qu'il fait de la parole. Il voudrait qu'elle soit directe, et qu'elle représente lui-même. La parole révélerait une vérité absolue. Rousseau en fait donc le double de la conscience ; c'est cette conscience, seul témoin de la vérité intérieure, que l'auteur communique au lecteur sous la forme de la parole. Le titre des *Confessions* le montre. De 1765 à 1770, il s'attacha à la rédaction de cette œuvre comme à un moyen de mettre sa vie à jour et de découvrir son cœur. Après quoi, ayant éprouvé la difficulté de cette entreprise, il écrivit les *Dialogues* et les *Rêveries* qui constituent de nouvelles tentatives pour faire « le seul portrait d'homme peint exactement d'après nature » : ces mots tirés des *Confessions* supposent la coïncidence entre l'œuvre et le modèle, entre la parole et la vérité.

Mais il s'agit moins de « nature » que de poésie. Car s'il est vrai que Rousseau s'analyse avec une précision extrême, il donne cette franchise comme un gage de vertu. Et c'est là que le discours interprète la vérité par un pouvoir de transformation purement littéraire : dire équivaut à se justifier. Pourquoi Rousseau affirme-t-il que sa vie est sa meilleure défense contre ses adversaires ? Parce qu'en écrivant ses faiblesses, il croit et voudrait faire croire qu'il les a effacées. Ainsi, dans les *Confessions*, Rousseau s'absout-il lui-même et, se montrant purifié par le fait d'écrire, attend du lecteur qu'il partage son indulgence en admirant sa sincérité.

Les *Confessions* inauguraient un genre littéraire confidentiel, qui établit entre l'auteur et le lecteur une relation personnelle, morale et sensible. C'était la première fois que s'exprimaient comme une revendication les droits de la sincérité, et celui même qui est donné à l'auteur sincère… d'être partial.

SOMMAIRE

1 - REPÈRES

2 - ÉTUDE DU TEXTE

1

REPÈRES

1 - CONTEXTE HISTORIQUE ET LITTÉRAIRE

■ Tableau

Commentaire de ce tableau dans les pages 13–15.

Le contexte historique	Le contexte littéraire
EN FRANCE **1723** – Règne de Louis XV.	
	1726 – Voltaire est exilé en Angleterre.
	1731 – *Manon Lescaut* (abbé Prévost).
	1732 – Naissance de Beaumarchais.
	1734 – *Lettres philosophiques* (Voltaire).
	1736 – *Le Mondain* (Voltaire).
EN PRUSSE **1740-1786** – Règne de Frédéric II de Prusse, « le roi-philosophe ».	**1737** – Naissance de Bernardin de Saint-Pierre.

Le contexte historique	Le contexte littéraire
– *1741-1748 : guerre de succession d'Autriche.*	**1749** – Diderot est détenu à Vincennes. C'est là qu'il reçoit la visite de Rousseau, qui médite son *Premier Discours*. **1750** – *Encyclopédie*, tome I. **1755** – *Deuxième Discours* de Rousseau. – Mort de Montesquieu.
– *1756-1763 : guerre de Sept Ans. La France y perd les Indes et le Canada.*	**1759** – *Candide* (Voltaire). **1761** – *La Nouvelle Héloïse* (Rousseau).
EN RUSSIE **1762-1796** – Règne de Catherine II de Russie, protectrice des arts et lettres.	**1762** – *Émile* et *Du contrat social* (Rousseau). – *Le Neveu de Rameau* (Diderot). – Naissance d'André Chénier. **1763** – Mort de Marivaux. **1765** – Rédaction des six premiers livres des *Confessions.* **1768** – Naissance de Chateaubriand. **1770** – Achèvement des douze livres des *Confessions.*

Le contexte historique

EN FRANCE

1774

– Règne de Louis XVI.

Le contexte littéraire

1775

– *Le Barbier de Séville* (Beaumarchais)

1776-1778

– *Les Rêveries du promeneur solitaire.*

1778

– Mort de Voltaire.

– Mort de Rousseau.

1784

– Mort de Diderot.

▪ Les *Confessions* dans leur temps

C'est dans ce contexte que furent rédigées les *Confessions* : en 1765, Rousseau commença de les écrire ; en 1767, il avait terminé les six premiers livres ; reprenant plus tard son travail, il l'acheva en 1770, avec les six derniers.

Ces deux parties composent l'œuvre et parurent après la mort de l'auteur, la première en 1782, la seconde en 1789. Rousseau y apparaît comme un homme isolé dans son temps, différent, par la simplicité de ses origines et de ses goûts, de la société brillante du XVIIIe siècle.

Malgré le déclin de la monarchie, et une politique affaiblie par la guerre de succession d'Autriche et surtout par les défaites de la guerre de Sept Ans, malgré la puissance de l'Angleterre et celle que commençait d'avoir la Prusse, la France gardait un grand rayonnement. La cour n'était plus, comme sous Louis XIV, le foyer des beaux esprits. Mais les salons, ainsi que les cafés, jouaient un rôle dans l'essor idéologique qui caractérise cette période. La vie mondaine, en effet, se développait, par réaction contre l'ancienne rigueur de la cour du début du siècle. Les « libertins » – et le mot a le double sens de libre-penseur et de débauché – étaient à la mode. Le roman *Manon Lescaut* est une peinture de la nouvelle société, où se côtoyaient des gentilshommes et des aventuriers. La vie semblait légère et Beaumarchais devait écrire qu'en France « tout finit par des chansons ».

Dans ce climat, Rousseau apparut comme un censeur sévère. La facilité des mœurs l'offusquait : n'était-il pas d'origine genevoise, issu d'un milieu protestant où la rigueur morale importait ? Son premier *Discours*, déjà, était une mise en garde contre la décadence. C'est en rendant visite à Diderot qu'il eut connaissance de la question mise au concours par l'académie de Dijon : « Si le rétablissement des Sciences et des Arts a contribué à épurer les mœurs ». En cette journée d'octobre 1749 et à cette lecture, il se sentit, dit-il, « l'esprit ébloui de mille lumières ». Il le confia à Malesherbes : il était « dans une telle agitation [...] qu'[il] aperçu[t] tout le devant de [sa] veste mouillé de larmes, sans avoir senti qu'[il] en répandai[t] ». En réalité, bien qu'il se découvrît alors « un autre homme », sa réflexion sur le sujet proposé par l'académie était inspirée par tout un passé : pauvreté, simplicité, vertu – autant de réalités ou de rêves de sa jeunesse. Cet idéal l'opposait évidemment au monde parisien. Il sentait tout l'écart de lui aux « autres ». Sans doute conçut-il alors clairement ce que les *Confessions* ne cessèrent de dire : la souffrance et l'orgueil de sa singularité. Et l'idée lui vint, en allant voir Diderot à Vincennes (on a parlé d' « illumination de Vincennes »), que son histoire propre pouvait idéologiquement se transposer dans l'opposition entre le bonheur des hommes primitifs et le malheur des peuples civilisés.

La portée intellectuelle du *Discours* fut immédiate : Rousseau vantait la simplicité, tandis que Voltaire affirmait les avantages du luxe, dans son poème *Le Mondain*. Rousseau parut à ses lecteurs avoir le charme de la naïveté. Une génération ironique découvrait la fraîcheur... et Rousseau passa désormais pour un sage d'un nouveau genre. Beaucoup plus tard, quand il écrivit les *Confessions*, ses principes n'étaient pas changés. Mais il avait alors bon nombre d'adversaires. Il revendiqua par défi sa qualité d'homme du peuple, d'ancien laquais ; il s'était définitivement attaché à Thérèse Levasseur, une illettrée et, dit-on, une femme médiocre. Et il voulait montrer que sa vie avait confirmé ses théories ; qu'il avait vécu, et se montrait par écrit, « dans toute la vérité de sa nature ». Solitude, nature, vertu forment son vrai visage, dit-il. En somme, il fait son portrait par les *Confessions*, dans l'éclairage moral et dans le style sensible qu'annonçaient ses œuvres précédentes. Dans ce portrait, et en réponse à des accusations portées contre lui par une société dont il diffère, il pense réussir deux fois : d'abord en affirmant sa candeur et en rejetant les fautes qu'on lui reproche sur une société dont il est victime ; ensuite en confirmant par les *Confessions* toute son œuvre, et en s'inscrivant dans la lignée de son premier *Discours* pour garder une cohérence – qui ressemble à de l'obstination – dont il est fier.

C'est tout à fait logique : Rousseau, persécuté, douloureux, ne pouvait trouver de refuge qu'au cœur de lui-même. Sa propre pensée lui est un rempart : il s'y enferme. À cause de cela, les *Confessions* pourraient être une œuvre sectaire. Mais il se trouve que, parlant de lui, Rousseau a un ton de tendresse. L'effort de démonstration, du moins dans les premiers livres, ne l'emporte pas sur le charme du récit. Même, il n'est pas jusqu'à ses manques de mémoire (il en parle) qui ne soient bénéfiques : car Rousseau, quoi qu'il en dise, invente – ou recrée. La poésie est là. Rousseau veut prouver qu'il n'est pas méchant. Mais, ce faisant, et comme dans l'attendrissement de Vincennes, il est tout ému de se considérer. Rousseau a une qualité littéraire qui le rend forcément convaincant : il croit ce qu'il dit. En parlant de lui, donc, il croit à la vertu ; elle le touche ; il nous touche. C'est fort loin de l'artifice, même si c'est de l'illusion. Rousseau est sincère. Que sincérité et vérité coïncident ou non, c'est une autre histoire.

2 - ROUSSEAU : SA VIE, SON ŒUVRE

■ Tableau

Commentaire de ce tableau dans les pages 18 à 20.

Enfance

1712

- 28 juin. **Naissance** de Jean-Jacques Rousseau à Genève.
- 7 juillet. Mort de sa mère. L'enfant est élevé par la famille paternelle.
- Son père doit s'exiler à la suite d'une rixe.

1722

- Rousseau est mis en pension chez les Lambercier, à Bossey.

Jeunesse

1724

- Apprentissage chez un graveur.

Cf. Confessions, livre I. Ce livre relate les **seize premières années**.

1728

- **Fuite de Genève.** Rencontre avec Mme de Warens.
- Conversion au catholicisme, à Turin.
- Premier emploi de laquais chez Mme de Vercellis.

Cf. Confessions, livre II. **neuf mois** y sont résumés.

1729

- Deuxième emploi, chez le comte de Gouvon.
- Études de musique chez M. Le Maître.

1730

- Voyage, puis retour à Annecy.

Cf. Confessions, livre III, qui s'étend sur une période de **seize mois**.

- Errance.

1731

- Installation à Chambéry.

Cf. Confessions, livre IV, c'est-à-dire **dix-sept mois**.

1732-1742

- Rousseau devient l'amant de Mme de Warens : idylle des Charmettes. Il enseigne la musique, et multiplie les voyages.

Cf. Confessions, livres V et VI.

Paris

1742

- Rousseau se rend à Paris et fait à l'académie des sciences une communication sur une nouvelle méthode de notation musicale.

1743

- Protégé de Mme de Broglie, il est secrétaire d'ambassade à Venise.

- *Dissertation sur la musique française*.

1744-1749

- Projets littéraires et musicaux.
- Rencontre de Diderot et Grimm.
- Début de liaison avec Thérèse Levasseur.

- Collaboration à l'*Encyclopédie*.
- *Discours sur les sciences et les arts*, couronné par l'académie de Dijon en 1750.

1750-1755

- La « réforme » de Rousseau en fait un champion de la vie simple. Il revient à la religion protestante, et revoit en 1754 Mme de Warens pour la dernière fois.

- Opéra *Le Devin du village*.
- *Discours sur l'inégalité*.

Montmorency

1756-1762

- Séjour à l'Ermitage, chez Mme d'Épinay, puis à Montmorency, chez le maréchal de Luxembourg. Période de succès littéraires et de démêlés avec la justice : Rousseau doit s'exiler.

- *Lettre à Voltaire sur la Providence*
- *Lettre à d'Alembert sur les spectacles*
- *La Nouvelle Héloïse*
- *Émile*
- *Du contrat social*
- *Lettres à Malesherbes*

Fin de vie

1762-1778

- Huit ans d'errance, puis Rousseau revient à Paris. C'est le **temps de l'autobiographie**. Il meurt le 2 juillet 1778 à Ermenonville.

- *Confessions*
- *Dialogues*
- *Les Rêveries du promeneur solitaire*

▪ La vie, ou l'œuvre ?

En considérant la vie de Rousseau, on peut s'étonner de son destin étrange : le jeune fugueur est presque toujours resté un exilé. Était-ce de famille ? Son père avait aimé les voyages ; son frère aîné était parti un jour de la maison pour n'y plus revenir. Rousseau est de cette race d'errants, et il en éprouve à la fois contentement et souffrance. Si l'on excepte ses toutes dernières années, sa vieillesse fut, comme sa jeunesse, une fuite.

En cela, les quatre premiers livres des *Confessions* donnent le ton. Il sont d'égale longueur. Cependant, le livre I couvre seize années, et les trois autres quelques mois seulement – le plus court (chronologiquement) étant le livre II, où est racontée la rencontre avec Mme de Warens comme si cet événement tenait toute la place et durait une éternité. Cela est naturellement une perspective littéraire. Ce qui importe, quand on compare la vie et l'œuvre, c'est de remarquer que les coupures entre les quatre livres correspondent au moment d'un départ ou d'un retour : la fugue de Genève termine le livre I ; à la fin du livre II, Rousseau est chassé de chez Mme de Vercellis pour l'affaire du ruban volé ; le livre III se clôt sur l'abandon de M. Le Maître à Lyon et la fuite de Rousseau ; le livre IV, sur le retour à Chambéry. C'est alors un moment de pause, que les livres V et VI prolongeront dans l'évocation du bonheur vécu avec Mme de Warens (Rousseau a certainement embelli ce souvenir).

Donc, les quatre premiers livres des *Confessions* sont censés successivement représenter, à raison de 20 pages chacun :

- seize ans,
- neuf mois,
- seize mois,
- dix-sept mois.

Ici se pose évidemment la question de la mise en scène et de la recomposition artistique du passé. Lorsque Rousseau écrit les *Confessions*, il est réellement exilé et persécuté : les philosophes ne l'épargnent pas. On remet en cause la sincérité de ses convictions religieuses, que deux abjurations ont rendues suspectes. Voltaire est le secret auteur du libelle qui demande la peine de mort contre Rousseau, pour crime d'abandon d'enfants. Rousseau ne peut nier : il a effectivement mis aux « Enfants trouvés » les cinq enfants qu'il a eus de Thérèse. Par ailleurs, il se brouille avec tous ses amis. Une maladroite intransigeance, peut-être ? Une susceptibilité maladive ? En fait, il est seul, et pourchassé. Quand il écrit les *Confessions* pour se défendre, il a même le sentiment d'être poursuivi par le temps : il se sent vieillir, la terreur le prend de mourir sans justification.

De 1765 à 1770, il s'est attelé à cette œuvre, ne l'interrompant que deux ans (de 1767 à 1769). Le manuscrit l'a suivi dans tous ses déplacements, et Rousseau craignait qu'on le lui volât. Il l'a copié, modifié : significativement, il a composé deux préambules aux *Confessions*, et finalement retenu le deuxième (fort connu), qui est un plaidoyer bien plus passionné que l'autre. Aucun indice textuel, pourtant, ne permet de déceler son angoisse. Le récit va son train, en toute grâce, passe par le détour de commentaires et d'ornements. Aucun indice donc, sauf peut-être le choix des coupures entre les chapitres. Si la première intervient au départ de Genève, après une évocation de l'enfance qui est parmi les plus délicieuses de la littérature, c'est que Rousseau voit son destin dans cette fugue. Il reprend à son compte l'aventure du père, du frère. Et, comme il est fier, et comme il est artiste, il en fait une sorte de prédestination à l'exil.

Ainsi, une vie chaotique trouve un sens dans l'interprétation qu'en donne celui qui l'a vécue. Rousseau eut trop précocement conscience de sa valeur pour accepter d'être malheureux sans songer que ce malheur devait le rendre célèbre. Il eut comme une vocation au malheur, et se plut à montrer que le malheur avait une prédilection pour lui. C'est peut-être déjà ce qu'il éprouvait en pleurant sur les romans qu'il lisait avec son père ; c'est encore ce que l'on peut voir dans une lettre qu'il lui écrivit, en 1730, étant alors dans le plus grand dénuement. La lettre (ou plutôt son brouillon) fut conservée, et il est clair que le ton du jeune homme est déjà celui de l'auteur des *Confessions* s'excusant de ses frasques :

> « Je suis assez puni dès que je suis criminel... Triste sort que celui d'avoir le cœur plein d'amertume et de n'oser même exhaler sa douleur par quelques soupirs, triste sort que d'être abandonné d'un père dont on aurait pu faire les délices et la consolation, mais plus triste sort, de se voir forcé d'être à jamais ingrat et malheureux en même temps et d'être obligé de traîner par toute la terre sa misère et ses remords[1]. »

Selon Rousseau, sa douleur est exemplaire : un destin. Peut-être eut-il très tôt l'intuition qu'il devait l'écrire.

---

1. Cité par J. Guéhenno dans *Jean-Jacques, Histoire d'une conscience*, Paris, Gallimard, 1948-1952, p. 51.

3 - LES *CONFESSIONS* : GENÈSE

■ Tableau

Commentaire de ce tableau dans les pages 22-23.

1762 – Rousseau a 50 ans.	– *Lettres à Malesherbes.*
1764 – Rousseau, brouillé avec les « philosophes », éprouve douloureusement leur hostilité.	– Publication, contre Rousseau, du *Sentiment des citoyens.*
1765 – Rousseau projette de se justifier.	– Lettre de Rousseau à du Peyron : projet des *Confessions.*
1766 – Rousseau, menacé d'arrestation, s'est enfui, en Angleterre avec Hume.	– Début de la rédaction des *Confessions* (six premiers livres).
1769 – Rousseau, brouillé avec Hume, revient en France, dans le Dauphiné.	– Suite des *Confessions* (six derniers livres)
1770 – Rousseau, installé à Paris, donne des lectures de ses *Confessions.*	– Trois manuscrits des *Confessions* : – Neuchâtel – Paris – Genève.
1772 – Rousseau est insatisfait de son œuvre.	– Les *Dialogues* sont commencés (sous-titre : *Rousseau juge de Jean-Jacques*).
1776 – Rousseau, souffrant d'un sentiment de persécution, ne cesse d'espérer que l'écriture le justifiera.	– Les *Dialogues* sont achevés. – L'*Histoire du précédent récit* est une remise en cause des *Dialogues.* – *Les Rêveries* sont entreprises, comme un ultime autoportrait.

■ Des *Confessions* aux *Rêveries*

Lettres à Malesherbes : en 1762, les quatre lettres, adressées au directeur de la Librairie, annoncent une œuvre autobiographique. Or, en 1764, *Le Sentiment des citoyens*, libelle anonyme, en réalité écrit par Voltaire, révèle que Rousseau a abandonné ses enfants. C'est alors qu'une lettre du 4 juillet de Rousseau à du Peyron (un ami de Neuchâtel) mentionne le titre de *Confessions* pour l'ouvrage de justification auquel Rousseau s'est mis à travailler. Mais bientôt l'auteur de l'*Émile* est menacé de prise de corps. Rousseau s'enfuit en Angleterre, en compagnie de Hume, sous le coup d'un mandat d'arrestation. C'est à Londres qu'il pose pour le tableau d'Allan Ramsay. Accueilli à Wooton (Derbyshire) dans la demeure de Richard Davenport, il y reste treize mois, travaillant à la première partie des *Confessions* : six premiers livres (mars 1765-avril 1767). Entre-temps, la brouille avec Hume est devenue publique. Ce dernier en a publié… un *Exposé succinct.*

Alors, Rousseau erre. Il se fixe un moment à Monquin, petit village du Dauphiné, où il herborise et travaille à la deuxième partie des *Confessions* : six derniers livres (novembre 1769-février 1770). Revenu à Paris – qu'il ne quittera plus guère –, il s'installe rue Plâtrière (actuellement rue Jean-Jacques-Rousseau). Il termine le travail entrepris à Monquin et donne, dans les salons, lecture de ses *Confessions.* La police lui interdit ces lectures publiques.

En réalité, Rousseau est insatisfait de l'image qu'il a donnée de lui-même. Il renie de même ses portraits peints ou gravés. Il abandonne les *Confessions* pour les *Dialogues*, où se poursuit son effort de justification (sous-titre : *Rousseau, juge de Jean-Jacques*). En 1776, les *Dialogues* sont achevés. Dans le sentiment qu'il est réconcilié avec la vérité, Rousseau tente de déposer son manuscrit sur l'autel de Notre-Dame de Paris. Mais les grilles du chœur sont fermées. Désespéré, Rousseau y perçoit le signe que nul ne peut l'entendre : l'*Histoire du précédent récit* discrédite finalement les *Dialogues.* Sa dernière œuvre est entreprise à la fin de l'année : *Les Rêveries du promeneur solitaire* sont encore une œuvre de réminiscence.

Les *Confessions*, le premier de ces écrits autobiographiques, constituent une œuvre de justification, et manifestent le souci d'un vieil homme de laisser son portrait. L'œuvre a été rédigée de 1765 à 1770. Elle a suivi Rousseau dans ses déplacements, et ses divers états aboutissent à trois manuscrits :

- le **manuscrit de Neuchâtel**, qui contient le début de l'œuvre, du livre I au milieu du livre IV, ainsi qu'un préambule ;
- le **manuscrit de Paris**, qui fut copié de 1768 à 1770 ;
- le **manuscrit de Genève**, qui fut terminé en 1771, et qui est le plus complet : il comprend les douze livres et un préambule (différent de celui du manuscrit de Neuchâtel). C'est le texte des éditions courantes.

4 - LES *CONFESSIONS* : « JE » ET LES AUTRES

Commentaire de ce tableau dans les pages 25-27.

« Je », « moi » « Jean-Jacques » est le sujet de son livre.		
Parents et famille Ils sont évoqués de manière idyllique	– la mère défunte – le père exilé – la tendre tante Suson	
La société Elle agit sur l'enfant d'une manière qui le dégrade.	– Le cousin Bernard, dernière attache familiale ; – Les Lambercier : fin d'enfance ; – M. Masseron et M. Ducommun, maîtres grossiers ; – Mme de Vercellis : apprentissage de la condition de valet.	
Les figures de femmes Elles sont douces ou vives, blondes ou brunes, objets de tendresse ou de passion.	– Mlle de Vulson – La petite Goton	amours enfantines
	– Mme de Warens – Mme Basile	la blonde, la brune
	– MlleGalley – Mllede Graffenried	le duo de la cueillette des cerises
	– Merceret : Jean-Jacques méconnaît son amour.	
Les comparses Ce sont des personnages épisodiques, dont l'influence sur le narrateur contribue à ses aventures.	– Marion – l'abbé Gaime – les Gouvon – les Bonac	les âmes droites
	– Bâcle – Venture – le Maure – l'archimandrite	les mauvais génies
	– le juge Simon, un portrait pittoresque.	

▪ L'auteur-narrateur-protagoniste

Il joue le seul rôle qui importe, si l'on considère que l'œuvre est à la fois Mémoires et autoportrait. « Jean-Jacques », comme Rousseau se nomme parfois lui-même, est le sujet même de son livre : « moi seul ».

▪ Parents et famille

Étant orphelin de mère, Rousseau crée du couple parental une image idéalisée qui donne, dans les premières pages des *Confessions*, comme une anticipation de lui-même. Né dans une famille aimante, l'enfant n'est qu'amour. La douceur de l'atmosphère familiale est entretenue par des êtres bienfaisants : tante Suson, la Mie (nourrice) et le père même, qui éveille l'enfant à la sensibilité littéraire.

▪ La société

Au-delà du cercle intime prennent place des personnages plus ou moins bienveillants, qui participent à l'éducation de Jean-Jacques. L'auteur les présente dans un ordre purement affectif, qui marque une progressive dégradation de la tendresse :

- la famille du tuteur Bernard (dont « l'inséparable » cousin Bernard), qui s'occupe de l'enfant après le départ de son père ;
- la famille Lambercier (le pasteur et sa sœur), chez qui l'enfant découvre, au milieu des derniers plaisirs de l'enfance, le sentiment de la honte et celui de l'injustice ;
- le maître graveur chez qui Rousseau fait son apprentissage. Brutal et grossier, il ne sait rien comprendre à la fantaisie du jeune homme, et le dégoûte du métier ;
- Mme de Vercellis, qui ne voit en lui... qu'un laquais.

Les figures de femmes

Mme de Warens y domine évidemment ; c'est probablement un parti pris littéraire autant que sentimental d'avoir organisé les premiers livres autour du couple innocent (encore innocent !) de « Maman » et de son « Petit » (Jean-Jacques).

Cependant d'autres visages apparaissent, déterminant une alternance – et une symétrie – entre blondes et brunes : à Mme de Warens (« *bionda grassota* ») s'oppose la piquante brune, Mme Basile ; les amours enfantines avec Mlle de Vulson et la petite Goton offraient le même contraste. Une tendresse éthérée pour la blonde trouve son complément dans la passion plus sensuelle que la brune inspire. Le duo de Mlle Galley et de Mlle de Graffenried (bien que leur portrait ne soit pas précis) laisse imaginer la même différence, dans l'épisode des cerises.

La jeune femme de chambre de Mme de Warens, Merceret, reste un personnage isolé : c'est que Jean-Jacques ignore son amour, ne se souciant que des « demoiselles ». Ce raffinement de goût est affirmé comme une coquetterie – avec les femmes comme en société, Rousseau sent bien... qu'il vaut mieux que ce qu'on lui offre. Cet orgueil est significatif de son comportement amoureux.

Les comparses

Bons, ou mauvais ? Très nettement se forme une ligne de démarcation entre les deux groupes. Marion, la famille de Gouvon, l'abbé Gaime sont du côté des anges gardiens. En revanche, Bâcle et Venture, ces étourdis, flattant le caractère imprudent de Rousseau, contribuent à son comportement irresponsable. Quant aux crapules véritables, Rousseau ne les évoque que pour montrer qu'ils n'ont pas eu prise sur lui : il échappe, sans les comprendre, aux avances du Maure, et la justice le délivre de la compagnie de l'archimandrite.

Rousseau paraît ainsi se mettre dans une position où le hasard dispose de lui, sans que le vice l'atteigne : léger, mais non coupable. Par ailleurs, dans la série des portraits, il manifeste un extrême talent pour saisir « sur le vif », comme on le voit dans quelques lignes consacrées au petit juge Simon : un portrait pour le plaisir, et comme un « hommage », dit l'auteur. C'est une preuve – entre autres – que Rousseau a de son talent une très profonde certitude, et qu'il dispose, littérairement, des visages d'autrui à sa guise. Quel que soit l'éclairage où il les place, il les utilise en annexe de son propre portrait.

5 - AXES DE LECTURE

À la suite d'une étude du texte (deuxième partie), et d'une analyse thématique (troisième partie), sera présentée une réflexion sur l'autoportrait. Dans celui qu'il fait, dans les quatres premiers livres des *Confessions*, Rousseau adulte décrit une enfance qui lui permet de faire comprendre ce qu'il est. Les principaux thèmes de l'œuvre définissent le caractère de son auteur :

– sa nostalgie de l'innocence ;

– sa revendication de sincérité ;

– son recours à l'imaginaire.

2

ÉTUDE DU TEXTE

1 - RÉSUMÉ

Jean-Jacques Rousseau, « citoyen de Genève », descendait par son père d'une famille protestante réfugiée en Suisse au XVIe siècle. Il naquit en 1712 à Genève d'Isaac Rousseau, horloger, et de Suzanne Bernard dont un oncle était pasteur. Parlant de l'amour et du mariage de ses parents, il en fait, dans les *Confessions*, une idylle que rend plus touchante l'inégalité sociale des amoureux. Or, Suzanne Bernard, qui avait eu un premier fils en 1705, mourut à la naissance du second : Jean-Jacques.

Son mari, Isaac, restait donc seul avec deux enfants dont sa famille s'occupa. Rousseau évoque avec respect les tantes paternelles qui prirent soin de sa première jeunesse, et se rappelle les chansons que l'une d'elles lui chantait. Son père lui donna le goût de la lecture, lui faisant découvrir, dans la bibliothèque héritée des Bernard, des romans que l'enfant et son père passaient souvent la nuit à lire : c'est ce que Rousseau rapporte dans les *Confessions* pour expliquer comment son imagination se forma. Mais Issac Rousseau était, semble-t-il, d'humeur fantasque : il avait voyagé, s'était même établi quelque temps à Constantinople ; il menait ses affaires avec désinvolture ; un jour, à la suite d'une querelle avec un de ses concitoyens, il dut s'exiler. Jean-Jacques n'avait pas dix ans. Son frère était déjà parti de la maison, sans laisser à sa famille aucun moyen de retrouver sa trace. Rousseau restait seul.

Il fut confié à son oncle Bernard, nommé tuteur, et celui-ci le plaça avec son propre fils chez le pasteur Lambercier et sa sœur, à la campagne. L'auteur des *Confessions* parle de ces deux années de pension comme des plus gaies de sa vie. Son enfance s'achevait pourtant, et avec elle le temps de parfaite innocence : un épisode célèbre des *Confessions* raconte comment sa sensualité s'éveilla, ainsi que son sentiment de l'injustice.

Revenu à Genève, il y resta trois ans chez les Bernard, après quoi la famille souhaita lui voir choisir un métier. Il ne montrait pas de disposition particulière, sa distraction naturelle le rendant inapte à toute activité contraignante. Son apprentissage chez un graveur fut un tel échec qu'un jour, trouvant au retour d'une promenade les portes de la ville fermées, il décida de s'enfuir pour n'y rentrer jamais. Un curé de village l'accueillit, et le recommanda à Mme de Warens qui s'était convertie au catholicisme, et touchait du roi de Sardaigne une pension pour son zèle religieux, et peut-être pour des activités politiques que les *Confessions* laissent supposer, sans les expliquer.

Se rendant à Annecy où elle demeurait, Rousseau découvrit en Mme de Warens (il l'appellerait bientôt « Maman ») une jeune femme aimable qui devait avoir la plus grande influence sur sa vie. Leur rencontre eut lieu le 21 mars 1728, jour des Rameaux ; elle est racontée dans les *Confessions* avec une sensibilité qui fait de la scène un grand moment de narration (Stendhal s'en inspira pour la rencontre de Julien et de sa protectrice, dans les premières pages de *Le Rouge et le Noir*). Or, Mme de Warens envoya le jeune homme à Turin pour le faire convertir au catholicisme. Rousseau y consentit, abjurant le protestantisme plus vite qu'il ne veut le reconnaître dans les *Confessions.* Une conversion n'est pourtant pas un établissement social : Rousseau était pauvre.

Il devint laquais chez Mme de Vercellis, qui mourut bientôt. L'épisode du « ruban volé » se situe à ce moment : c'est l'un des « aveux » que Rousseau accepte de faire dans les *Confessions* comme gage de sa sincérité. L'abbé Gaime, la famille de Gouvon tentèrent de lui venir en aide. Mais Rousseau était instable. Sur les traces d'un camarade insouciant, il quitta la maison de Gouvon et retourna chez Mme de Warens. Il avait 19 ans. Elle tenta de le placer au séminaire. En vain. Elle l'attacha à M. Le Maître, musicien à Annecy ; mais, au cours d'un voyage où il devait l'accompagner, Rousseau abandonna cet homme.

Comme Mme de Warens avait, durant ce temps, quitté Annecy pour Paris, Rousseau erra, d'aventure en aventure. Il se fit passer pour musicien, par exemple, puis suivit un escroc qui se prétendait archimandrite[1] du Saint-Sépulcre. L'ambassadeur de France, démasquant cet imposteur, fournit à Rousseau un peu d'argent pour lui permettre d'aller à Paris. Il n'y resta que peu, rejoignant bientôt Chambéry, où Mme de Warens venait de s'installer.

Tels sont les principaux événements des quatre premiers livres des *Confessions.* Ils résument environ les vingt premières années de l'auteur dans un ordre chronologique. Mais deux remarques s'imposent : d'une part, ces quatre livres ne correspondent pas à des tranches de vie égales ; d'autre part, Rousseau en ponctue la succession par des aveux qui sont les « confessions » proprement dites.

On verra schématiquement le contenu des quatre livres et la succession des épisodes parmi lesquels les aveux seront signalés.

1. Archimandrite : nom du supérieur de quelques monastères.

■ Livre I

Il s'ouvre sur un préambule.

Temps

- 1712-1728. Quinze premières années de la vie de Rousseau.

Lieux

- Genève-Bossey-Genève.

Événements

- 1712. Naissance de Rousseau.
- Idylle parentale.
- « Tante Suzon ».
- 1719-1720. Découverte de la lecture.
- Départ du père de Rousseau pour Nyon.
- Pension à Bossey, chez les Lambercier.
- Deux récits honteux :
  Une fessée reçue éveille les sens de Rousseau : **premier aveu** ;
  Accusé à tort d'avoir cassé un peigne, il découvre l'injustice.
- Un épisode heureux :
  Rousseau et son cousin Bernard ont planté un noyer : « la grande aventure du noyer ».
- Genève. Retour chez les Bernard.
- Amours enfantines : Mlle de Vulson et Mlle Goton.

- Apprentissages manqués, chez un greffier puis chez un graveur. Rousseau y prend l'habitude du mensonge et du vol : épisodes du vol des asperges et des pommes.
- Analyse d'un caractère : Rousseau explique ses « prétendues contradictions » – vivacité et indolence, avarice et indifférence à l'argent.
- Départ de Genève : la fuite.
- Épilogue provisoire : Rousseau médite sur le destin qu'il n'a pas eu.

Observations

Un souci de symétrie préside sans doute à la composition du livre I. Entre Genève... et Genève, la vie à Bossey est décrite comme un paradis d'enfance. Même remarque, si l'on compare le début du livre (évocation des amours des parents) avec sa fin (ce que la vie de Rousseau aurait pu être) : l'imaginaire est un encadrement pour la réalité.

■ Livre II

Temps

– 1728. Rousseau a 16 ans.

Lieux

– Annecy-Turin.

Événements

– La fuite et les rêves d'avenir.

– La halte chez M. de Pontverre.

– L'arrivée à Annecy, chez Mme de Warens : rencontre et réflexion sur la « sympathie des âmes ».

– Départ pour Turin, où Mme de Warens veut envoyer Rousseau pour qu'il se convertisse.

– Vaines recherches d'Isaac Rousseau qui cesse bientôt de se soucier de son fils [réflexion de Rousseau sur le comportement de son père].

– Passage des Alpes : premier voyage à pied.

– Arrivée à l'Hospice des Catéchumènes à Turin.

– Épisode du Maure.

– Conversion difficile de Rousseau [il se justifie].

– Sortie de l'Hospice et pauvreté.

– Mme Basile le prend comme apprenti : récit d'un amour muet.

– Mme de Vercellis l'emploie comme laquais.

– Mort de Mme de Vercellis et récit du ruban volé : **deuxième aveu**.

- Rousseau et la jeune Marion qu'il a accusée du vol sont tous deux renvoyés [remords].

Observations

D'errance en errance, ce livre s'oppose au précédent par l'impression d'instabilité qu'il provoque : l'enfance est à son point d'achèvement, et c'est peut-être la raison pour laquelle le temps n'est plus évalué de la même façon – les événements d'une seule année suffisent au sujet d'un chapitre dont le morcellement prouve que Rousseau, livré à lui-même, l'est aussi au hasard de sa nouvelle vie.

■ Livre III

Temps

- Décembre 1728-avril 1730.
- Rousseau, de 16 à 18 ans.

Lieux

- Turin-Annecy-Lyon-Annecy.

Événements

- Troubles de la puberté et comportement exhibitionniste : récit d'un épisode burlesque.
- Rencontre de l'abbé Gaime (qui sera pour l'écrivain le modèle du « Vicaire Savoyard »).
- Service chez le comte de Gouvon. Le fils du comte donne des leçons à Rousseau. Sa petite-fille, Mlle de Breil, éveille chez lui une passion timide : récit d'un dîner où le domestique Rousseau fait sensation par sa science, et connaît le plaisir d'attirer l'attention de Mlle de Breil.
- Bâcle, « un jeune étourdi », prend sur Rousseau une mauvaise influence.
- Se faisant renvoyer de la maison de comte, Rousseau repasse les Alpes avec son compagnon Bâcle : voyage à pied.
- Annecy : Mme de Warens accueille Rousseau, et le garde chez elle. Évocation de la vie auprès de « Maman » [nouvelle analyse des contradictions du caractère].

- Séminaire d'Annecy. Rousseau n'y réussit pas ses études, mais rencontre l'abbé Gâtier.
- Incendie de la maison de Mme de Warens. Un « miracle » l'arrête.
- Maîtrise de la cathédrale : Rousseau y apprend la musique auprès de M. Le Maître.
- Le musicien Venture de Villeneuve impressionne Rousseau par son originalité.
- M. Le Maître doit partir pour Lyon. Chargé de l'accompagner, Rousseau l'abandonne lâchement à son arrivée dans la ville : **troisième aveu** [et réflexion sur les difficultés de l'autobiographie].
- Retour à Annecy, d'où Mme de Warens s'est absentée, pour des raisons inconnues.

Observations

Ce troisième livre présente une structure assez comparable à celle du précédent. Ce qui paraît s'y affirmer, ce sont les « contradictions » du caractère de Rousseau, dont il parle pour la seconde fois, et qui sont peut-être cause de son instabilité. Il ne cache pas, par exemple, l'influence que les autres peuvent avoir sur lui. Mais il avoue tout aussi bien le manque de fidélité dont il est capable envers eux. Cet incertain rapport à autrui ne fait que mieux ressortir la constance de son attachement pour Mme de Warens, unique point fixe des livres II et III.

■ Livre IV

Temps

– Avril 1730-octobre 1731.

– Rousseau a 18 et 19 ans.

Lieux

– Annecy-Fribourg-Lausanne-Vevey[2]-Neuchâtel-Soleure-Paris-Lyon-Chambéry.

Événements

– Abandon de M. Le Maître et absence de Mme de Warens : **reprise de l'histoire** telle qu'elle se présentait à la fin du livre III.

– Rousseau loge chez Venture.

– Rencontre de Mlle Giraud – elle éprouve pour Rousseau une attirance qui l'importune.

– La cueillette des cerises : une journée en compagnie de Mlle de Graffenried et de Mlle Galley.

– « Petit souvenir » : hommage au juge Simon, à qui Rousseau rend visite.

– Voyage à Fribourg avec Merceret, femme de chambre de Mme de Warens, qui retourne dans son pays. Rousseau revoit son père, en passant à Nyon.

---

2. À Vevey, Rousseau trouve l'inspiration qui lui fera plus tard écrire *La Nouvelle Héloïse*.

– Lausanne. Rousseau, désargenté, se fait passer pour musicien et organise un concert où il se couvre de ridicule : [récit].

– Visite de Vevey, pays natal de Mme de Warens [rêverie sur le pays de Vaud].

– De Lausanne à Neuchâtel : Rousseau donne des leçons de musique pour vivre.

– Rencontre de l'archimandrite que Rousseau suit en tournée à Fribourg puis à Berne.

– À Soleure, l'ambassadeur de France reconnaît dans l'archimandrite un escroc qui prétendait faire une quête pour le rétablissement du Saint-Sépulcre[3].

– Avec la recommandation de l'ambassadeur, Rousseau part pour Paris au service du neveu du colonel Godard [impressions de voyage].

– Court séjour à Paris, d'où Rousseau, apprenant le retour de Mme de Warens, part la rejoindre. Voyage : hospitalité d'un paysan.

– Lyon. Rousseau s'y arrête chez Mlle du Châtelet, amie de Mme de Warens.

– Aventures et mauvaises rencontres dans la ville.

– Une nuit à la belle étoile.

– Rousseau copie de la musique pour vivre, et reçoit de Mlle du Châtelet des nouvelles de Mme de Warens.

– Dernier voyage pédestre de Lyon à Chambéry, où Mme de Warens s'est établie.

– Retrouvailles avec « Maman ». Rousseau est aussitôt présenté à l'intendant général, qui lui trouve un emploi au cadastre [conclusion sur « ces longs détails de première jeunesse »].

---

3. Le tombeau où fut déposé le corps du Christ quand on l'eût descendu de croix. Les chrétiens en firent ensuite un lieu de culte.

Observations

Débutant par la reprise du troisisème – et dernier – aveu, et finissant avec le retour chez Mme de Warens, le livre IV semble, dans cet encadrement, répondre à un projet autobiographique : rapporter l'ensemble des événements de jeunesse à la personne de « Maman », dont la tendresse vaut un pardon.

Tout en reconnaissant ses torts, Rousseau les présente, par rapport à Mme de Warens, comme des erreurs de jeunesse dont il peut s'accuser, pourvu qu'elle lui pardonne. La reconnaissance de la faute ne se conçoit pas, dans les *Confessions*, sans le recours à l'absolution.

2 - SCHÉMA NARRATIF

Après le **préambule**, le texte est jalonné de récits dont certains sont des aveux. Pour être fidèle à l'intention des *Confessions*, on examinera ces **aveux** spécialement, car leur disposition régulière dans le texte lui donne sa structure.

■ Le(s) préambule(s)

Deux préambules aux *Confessions* ont été écrits, dont le premier est le moins connu ; c'est celui du manuscrit dit « de Neuchâtel », qui ne contient de l'œuvre que les trois premiers livres, et la moitié du quatrième.

Préambule de Neuchâtel (1764)

C'est lui qui suggère pour la première fois le titre de l'œuvre, qui fait référence aux *Confessions* de saint Augustin. Converti au christianisme, celui-ci considérait son œuvre comme un examen de conscience, utile exemple pour des esprits en quête de vérité. Sa vie (IVe et Ve siècle), il l'offrait donc au regard des autres, établissant ainsi le lien entre l'auteur d'autobiographie et le lecteur. Mais la découverte de Dieu était le but de cette démarche. « Seigneur, écrit-il dans son dixième livre – en s'adressant à Dieu –, je me confesse à vous pour que les autres hommes m'entendent » ; ce faisant, il soulignait la valeur religieuse de l'acte d'écrire, la relation de l'écrivain à son lecteur n'ayant de sens qu'en Dieu.

Or c'est précisément cela qui ne se trouve pas dans le préambule de Neuchâtel. Il est long, certes, mais aucune allusion à la religion ne permet de croire que Rousseau donne de sa vérité un autre garant que lui-même. Son seul but, ou du moins celui qu'il met en avant, est de se donner au lecteur comme « pièce de comparaison », afin que celui-ci, en le connaissant, se connaisse aussi. But philanthropique ? On pourrait presque le croire :

> « J'ai résolu de faire faire à mes lecteurs un pas de plus dans la connaissance des hommes, en les tirant s'il est possible de cette règle unique et fautive de juger toujours du cœur d'autrui par le sien [...]. Je veux tâcher que pour apprendre à s'apprécier, on puisse avoir du moins une pièce de comparaison, que chacun puisse connaître soi et un autre, **et cet autre ce sera moi**. »

Cette dernière formule est évidemment une déclaration d'autobiographie, promesse (le futur « sera » le montre) que Philippe Lejeune appelle « pacte autobiographique ». Il ne s'agit plus ici que de la découverte de soi.

Qu'est-ce qu'un « pacte autobiographique » ?

C'est une déclaration d'intention sans laquelle, d'après Philippe Lejeune, il n'est pas d'autobiographie. Car il n'appartient pas au lecteur de décider du caractère de l'œuvre, mais à l'écrivain de revendiquer son appartenance au genre autobiographique. La nature de son livre sera donc déterminée par son projet d'écriture :

> « Par opposition à toutes les formes de fiction, dit Lejeune, la biographie et l'autobiographie sont des textes référentiels : exactement comme le discours scientifique ou historique, ils prétendent apporter une

information sur la “ réalité ” extérieure au texte, et donc se soumettre à une épreuve de vérification [...]. Tous les textes référentiels comportent donc ce que j'appellerai un “ pacte référentiel ”, implicite ou explicite, dans lequel sont inclus une définition du champ du réel visé et un énoncé des modalités et du degré de ressemblance auxquels le texte prétend. »

- **Le champ du réel visé :** « Ce sera moi », écrit Rousseau, et comme si ce pronom résumait une œuvre avec laquelle il voudrait exactement coïncider, il ajoute aussitôt : « Oui, moi, moi seul, car je ne connais jusqu'ici nul autre homme qui ait osé faire ce que je me propose. » En cela, il dépasse déjà quelque peu les limites du projet d'abord affirmé, ne se contentant plus de se proposer pour « référence », mais affirmant l'exceptionnelle franchise avec laquelle il se livrera.

- **Le degré de ressemblance auquel le texte prétend** est donc extrême, Rousseau s'engageant moralement à rapporter avec exactitude un passé qui laisse apparaître la personne à travers les événements : « J'écris moins l'histoire de ces événements en eux-mêmes que celle de l'état de mon âme, à mesure qu'ils sont arrivés. » Ce qu'il met en jeu est considérable : il désire **se** faire connaître. Il lui faut donc pousser aux limites du possible le « degré de ressemblance » entre la vie et l'œuvre ; il lui faut aussi, justement parce qu'il s'agit d'une œuvre, y apporter les procédés qui puissent convaincre de la ressemblance.

- **Énoncé des procédés** : la vraie difficulté du genre autobiographique est dans les techniques littéraires qui lui permettront de se réaliser. Le passage de l'intention à l'écriture est délicat, lorsque la seconde prétend ne rien trahir de la première, mais que cependant... elle est un art. Rousseau ne cache pas cet embarras dans le préambule du Neuchâtel : « Il faudrait pour ce que j'ai à dire inventer un langage aussi nouveau que mon projet. »

Et il précise (c'est plus gênant encore) : « Que de riens, que de misères ne faut-il point que j'expose, dans quels détails révoltants, indécents, puériles et souvent ridicules ne dois-je pas entrer pour suivre le fil de mes dispositions secrètes [...] ? » Le recours à l'aveu se profile, comme un moyen de capter la vérité personnelle jusque dans les circonstances honteuses où elle s'est révélée.

L'aveu sera donc non le tout des *Confessions*, mais la condition obligatoire de leur exhaustivité. Le terme de *Confessions* prend de la sorte un sens intime, non pas religieux comme pour saint Augustin, mais pleinement moral. « Rousseau juge de Jean-Jacques » sera le premier témoin de ses faiblesses et se fera connaître en choisissant librement de les avouer. Pour une mise à nu de ce genre, il faut du courage, et une certaine forme de... perversion. De cette perversion témoigne le second préambule, le plus connu, celui de Paris et de Genève, qui introduit l'édition complète de l'œuvre.

Préambule définitif

Il est beaucoup plus agressif que l'autre, mais il le confirme. Son épigraphe *Intus et in cute*[4] (« À l'intérieur et sous la peau ») résume le projet d'un autoportrait qui soit portrait d'un caractère ; aperçu de l'être intérieur, non de l'être social.

Du reste Rousseau l'affirme : « J'ai dévoilé mon intérieur », ou bien « Je sens mon cœur ». Cette phrase surtout importe, parce que, aux hésitations précédentes de Rousseau sur le « langage » à adopter, elle répond par l'affirmation de la sensibilité comme critère de jugement. Le langage sera celui du cœur, c'est-à-dire le mode d'expression où le cœur sera le plus libre.

4. Citation de Perse, poète satirique latin du Ier siècle.

Rousseau est conscient d'être le premier à se lancer dans pareille aventure. Le début du préambule est célèbre. « Je forme une entreprise qui n'eut jamais d'exemple et qui n'aura point d'imitateur. » C'est à ce stade, sans doute, qu'on peut parler de perversion. D'abord parce que cet homme, qui semblait, dans le préambule de Neuchâtel, vouloir être instructif pour les autres, revendique ici une singularité si grande qu'elle pourrait l'empêcher d'avoir quelque chose de commun avec son lecteur : « Je ne suis fait comme aucun de ceux que j'ai vus ; j'ose croire n'être fait comme aucun de ceux qui existent. » S'il est superbe de conviction, Rousseau n'en est pas moins définitivement éloigné de son lecteur par cette conviction même. Son « pacte référentiel » en sera-t-il modifié ? Oui, car une autre perversion s'ajoute à la première : l'auteur des *Confessions* fait cette fois appel à Dieu. Et bien autrement que saint Augustin, cela va sans dire ! Dans l'admirable vision du Jugement dernier, Rousseau se place, son « livre à la main », devant le « Souverain Juge ». À cette confrontation, « la foule de ses semblables » n'est appelée qu'en spectatrice. Ce que l'auteur demande, c'est d'être justifié devant elle… par son livre. D'abord c'est à Dieu que celui-ci est présenté : « Je dirai hautement : " Voilà ce que j'ai fait, ce que j'ai pensé, ce que je fus [...]. J'ai dévoilé mon intérieur tel que tu l'as vu toi-même. " » Puis, invitant les « semblables » à la même sincérité, il établit entre eux et lui une comparaison qui va tout à l'encontre de ce qu'il avait promis d'abord :

> « Que chacun d'eux découvre à son tour son cœur aux pieds de ton trône avec la même sincérité ; et puis qu'un seul te dise, s'il l'ose : " **Je fus meilleur que cet homme-là** ." »

Rousseau veut-il servir de modèle aux autres, ou plutôt être justifié par eux ? La réponse est évidente dans ce texte. En exprimant à outrance l'idée de son « individualité » (le mot apparut au XVIIIe siècle), Jean-Jacques/individu pervertissait le projet de Rousseau/modèle. Car l'auteur des *Confessions* se retranchait dans la solitude. Le

« pacte » est faussé entre le lecteur et lui, dans la mesure où la confiance entre eux n'est pas réciproque. Rousseau avait besoin du secours de Dieu contre le jugement des hommes. Et Dieu en personne devait constater le caractère unique de sa créature, dont le livre était le garant. Cette assimilation de la personne et du livre, ce jugement de Dieu sur la personne à travers le livre, cette reconnaissance par les autres de la personne justifiée par Dieu pourraient se représenter par un schéma.

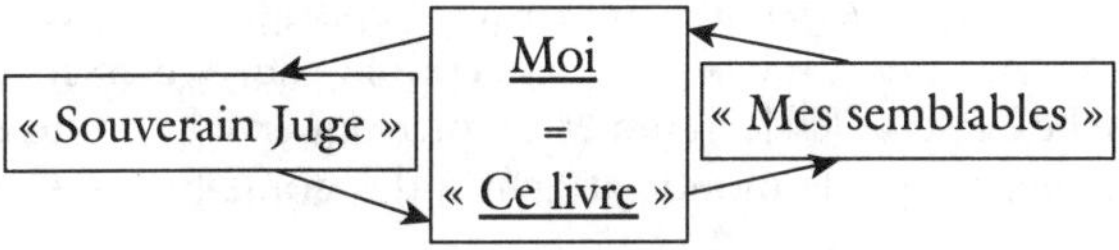

En présentant son œuvre, Rousseau s'assure que le regard de Dieu sur elle détermine le regard d'autrui sur lui. Dieu n'est que le maillon essentiel de la chaîne par laquelle l'auteur se relie aux autres, tout en se réservant parmi eux une place d'exception. Le livre-miroir lui tient lieu de plaidoyer, et de certificat d'unicité. Le projet est parfaitement égocentrique. Sachant que Rousseau a fait en public plusieurs lectures des *Confessions*, on conçoit combien lui tenait à cœur l'avis d'autrui sur sa personne.

■ Les aveux

Comme elles étaient une réponse à l'accusation de Voltaire, les *Confessions* devaient principalement expliquer l'abandon de ses enfants, dont Rousseau était déclaré coupable. Son autobiographie trouve là son origine, mais les causes profondes de la création d'une œuvre ne sont pas souvent celles qui sont directement avancées : de la question de l'abandon, Rousseau ne parle qu'à partir du livre VII, et d'une manière qui parfois l'élude. En revanche, trois aveux sont faits dans les quatre livres d'enfance : celui des sensations provoquées par une fessée qu'il a reçue ; celui du vol commis chez Mme de Vercellis, et dont il a accusé Marion ; celui de sa lâcheté envers M. Le Maître, qu'il a laissé, malade, à Lyon.

Les plaisirs de la fessée (livre I)

Philippe Lejeune constate que les aveux font l'objet d'une « mise en scène ». S'agissant d'une fessée, cela peut faire sourire. Les critiques du XVIIIe siècle n'ont pas manqué de le faire. L'un d'entre eux, qui dénigre par ailleurs la banalité des détails rapportés dans le livre I des *Confessions*, remarque l'épisode de la fessée comme une indécence, susceptible de « blesser la délicatesse » des lecteurs et de provoquer « la honte et le mépris que le monde attache à des goûts bizarres[5] ».

Il est vrai que Rousseau ne s'embarrasse guère de pudeur, mais il en a conscience, annonçant le récit de la fessée comme « le premier pas et le plus pénible dans le labyrinthe obscur et fangeux » des *Confessions*.

Comment le fait-il ?

> « Qui croirait, dit-il, que ce châtiment d'enfant, reçu à huit ans par la main d'une fille de trente, a décidé de mes goûts, de mes désirs, de mes passions, de moi pour le reste de ma vie, et cela précisément dans le sens contraire à ce qui devait s'ensuivre naturellement ? En même temps que mes sens furent allumés, mes désirs prirent si bien le change que, bornés à ce que j'avais éprouvé, ils ne s'avisèrent point de chercher autre chose. Avec un sang brûlant de sensualité presque dès ma naissance, **je me conservai pur de toute souillure** jusqu'à l'âge où les tempéraments les plus froids est les plus tardifs se développent. »

La qualité du style ne peut rien ôter à la clarté de cet aveu : la sexualité de Rousseau, déterminée par les plaisirs inattendus d'une fessée, est une relation masochiste aux femmes. Pourtant, ce que dit ce passage disculpe l'auteur, au moment même où il avoue sa honte : d'abord par le rôle passif où il se cantonne, prouvant

5. *L'Année littéraire*, 1782.

que ses « goûts » – indépendamment de sa volonté – ne sont que la conséquence d'un « châtiment » infligé ; puis par l'avantage qu'il trouve à sa bizarrerie – celui de n'avoir rien su des relations sexuelles ordinaires jusqu'à un âge avancé ; Rousseau est resté, dit-il, « pur de toute souillure ». En finissant son récit par cette remarque, il en donne lui-même l'interprétation la plus favorable, convertissant un vice en un moyen de se garantir d'autres vices. Ces arguties, analysées par Philippe Lejeune, obligent à lire l'aveu à deux niveaux d'énonciation : « à la surface [...], s'étalant presque impudiquement, le système de la faute et de la culpabilité [...] ; dessous, [...] le langage de l'amour, de la demande d'amour ». Car l'aveu, loin d'être une soumission au jugement des autres, est l'appel à leur pardon, facilité – pense Rousseau – par l'aveu lui-même, auquel il attache une vertu purificatrice.

D'ailleurs l'épisode du peigne cassé, qui valut à Rousseau une autre fessée, autrement sévère et administrée de main d'homme, est comme l'effacement immédiat de la première honte. Puni à tort, cette fois, pour une maladresse qu'il n'avait pas commise, l'enfant, fortement battu, apprend que les fessées ne sont pas toujours une partie de plaisir : « Quand, cherchant le remède dans le mal même, on eût voulu pour jamais amortir mes sens dépravés, on n'aurait pu mieux s'y prendre. Aussi me laissèrent-ils en repos pour longtemps. » « Chercher un remède dans le mal même » ... l'expression est symbolique : n'est-ce pas la tactique même de l'auteur, qui pêche en eau trouble pour faire la clarté ? Ici, la seconde fessée, annulant la première et donnant à Rousseau le beau rôle de victime, fait partie d'une « mise en scène » en deux actes, dont la complémentarité évidente donne à l'aveu un sens double d'accusation et de rémission.

Le ruban volé (livre II)

Assez différente, la mise en scène participe dans cet épisode à un récit comparable à une scène de théâtre : Prologue : l'aveu est annoncé. Sujet de l'action : un ruban a disparu de chez Mme de Vercellis ; on le retrouve dans les mains de Rousseau. Évolution dramatique : Rousseau renvoie l'accusation sur la jeune Marion, la cuisinière ; on confronte les jeunes gens (dialogue) ; tous deux sont chassés. Épilogue : les remords de Rousseau.

La présence du prologue et de l'épilogue joue ici le rôle qu'avait précédemment la seconde fessée. Les regrets et excuses participent en effet au projet de Rousseau de se faire pardonner, quoiqu'il dise le contraire. « Mon cœur ne saurait se consoler », affirme-t-il en préambule ; puis, en conclusion :

> « Ce poids est [...] resté sans allégement sur ma conscience. »

Mais qu'ajoute-t-il ?

> « [...] je puis dire que **le désir de m'en délivrer** en quelque sorte a beaucoup contribué à la résolution que j'ai prise d'écrire mes *Confessions.* »

Une rhétorique de l'aveu existe donc, qui consiste à enchâsser un récit entre deux discours où Rousseau plaide coupable, car il a tendance à confondre avec une absolution la reconnaissance de sa culpabilité.

Marion elle-même a le verdict qu'il faut, lorsqu'elle renvoie le coupable à lui-même. La seule parole au style direct du dialogue est celle-ci : « Ah ! Rousseau, je vous croyais un bon caractère. Vous me rendez bien malheureuse ; mais je ne voudrais pas être à votre place. » « Voilà tout », ajoute l'auteur – et c'est encore une remarque significative. Car, livré à lui-même, il croit trouver dans ses remords la punition qui « délivre » (ou du moins il la cherche). Pour Rousseau, qui fait de la sensibilité l'essentielle valeur, souffrir est une raison suffisante pour obtenir sa grâce. Souffrir, c'est être victime ; être victime, c'est avoir droit au respect.

L'abandon de M. Le Maître (livres III et IV)

La technique de présentation de cet épisode est encore différente. À la fin du livre III, l'abandon est rapidement conté, puis commenté de manière tout à fait indirecte. Au début du livre IV en revanche s'expriment les regrets, comme s'ils n'étaient ressentis qu'après coup. Quelques mots de ces trois mouvements :

- « Le Maître fut surpris d'une de ses atteintes[6] [...] je fis des cris, appelai au secours [...] puis, tandis qu'on s'assemblait et s'empressait autour d'un homme tombé sans sentiment et écumant au milieu de la rue, il fut délaissé du seul ami sur lequel il eût dû compter. » On notera la fin du passage, qui gagne en tragique par l'emploi de la forme passive (« il fut délaissé ») mais qui, par cette même forme, met le coupable à l'écart de l'action.

- En fait de commentaire, Rousseau signale seulement que « cette époque de [sa] jeunesse est celle dont [il a] l'idée la plus confuse ». Sans doute parle-t-il d'autres événements que de celui de sa fuite... Mais, dans la « confusion » évoquée, celle-ci s'oublie. Le souvenir de M. Le Maître, qui en réalité est très précis, perd de sa réalité dans son rapport à d'autres souvenirs plus flous, et n'apparaît plus que comme étourderie.

- Il faut attendre le début du livre IV pour que la mémoire affective revienne à Rousseau. Il est parti dans l'espoir de retrouver Mme de Warens. Mais les premiers mots du livre IV sont « J'arrive, et je ne la trouve plus, qu'on juge de ma surprise et de ma douleur ! » Le Maître semble oublié, et pourtant l'absence de Mme de Warens, vivement ressentie, rappelle la conscience : « C'est alors que le regret d'avoir lâchement abandonné M. Le Maître commença de se faire sentir. »

---

6. Crises d'épilepsie.

Cet exposé des sentiments est admirable de finesse. Il exprime on ne peut mieux les mécanismes de la mémoire différée, tels que Proust en montrera les ressorts ; il est criant de vérité, en somme, mais cette vérité, comme toujours chez Rousseau, est ambiguë. D'un côté, elle lui allie le lecteur, qui s'y reconnaît un peu ; de l'autre, elle montre que Rousseau-écrivain est seul conscient du mal (Rousseau-acteur ne l'était pas). Puisque c'est l'écrivain qui provoque le jugement, on voit bien qu'il juge l'acteur comme un autre : celui qui parle de lui n'est pas tout à fait le même que celui dont il parle. Le lecteur est happé par ce jeu de différenciation où il prend le parti de Rousseau contre lui-même et l'excuse, de ce fait.

Les aveux jalonnent donc les *Confessions* en justifiant leur titre, mais ils appellent le pardon comme une suite obligée de la confidence. Rousseau ne s'accuse pas pour être condamné. Ses aveux ont une force de persuasion littéraire qui en désamorce la gravité. La mise en scène à travers laquelle ils apparaissent en fait des moments essentiels du texte, où la compassion du lecteur est sollicitée.

3 - PERSONNAGES ET RENCONTRES

Certains épisodes de la narration sont centrés sur un personnage.

▪ Mme de Warens

C'est l'épisode le plus célèbre. On oublie trop souvent que la première rencontre (livre II) est suivie de deux autres (livres III et IV), et qu'ainsi l'apparition de Mme de Warens semble toujours un phénomène nouveau. Ce qui contribue à cette impression est l'emploi du présent de narration dans chacun de ces récits. Le seul exemple du premier le montre : le jeune Rousseau arrive chez Mme de Warens au moment où elle vient de sortir pour se rendre à l'église : « **C'était** le jour des

Rameaux de l'année 1728. **Je cours** pour la suivre. » Suivant l'imparfait qui sert à dater la scène (marquant le décalage qui la sépare du temps de l'écriture), le présent replonge le narrateur dans le moment qu'il raconte. Les autres rencontres avec Mme de Warens pourraient être analysées de même : elles disent un bonheur immuable, éternel présent.

Comme cette atmosphère ne peut être dissociée de la personne qui la diffuse, le récit n'est pas loin de ressembler à un portrait ; apercevant pour la première fois la jeune femme, Rousseau décrit : « Je vois un visage pétri de grâces, de beaux yeux bleus pleins de douceur, un teint éblouissant, une gorge enchanteresse. Rien n'échappe au rapide coup d'œil du jeune prosélyte [...]. » Rien que de flatteur dans cette peinture. Elle manque cependant de l'originalité qui suffirait à distinguer la personne entre mille. Le style du temps admet ces conventions. Mais elles ont ici un sens : plus qu'elles ne décrivent Mme de Warens, elles rendent compte de l'impression qu'elle produit sur le jeune homme. C'est lui qui « voit » ; c'est son « coup d'œil » qu'il communique. Dans les deux rencontres suivantes, le lecteur aura la même impression, celle qu'une grande émotion lui est suggérée. L'émotion, naturellement, renvoie à celui qui l'éprouve : Rousseau.

Il n'est donc pas très étonnant qu'un portrait de lui s'associe à celui de sa bienfaitrice, et même le précède dans le texte. Chose curieuse, lorsqu'il écrit « je vois Mme de Warens », c'est lui qu'il peint :

> « J'arrive enfin ; je vois Mme de Warens. Cette époque de ma vie a décidé de mon caractère ; je ne puis me résoudre à la passer légèrement. J'étais au milieu de ma seizième année. Sans être ce qu'on appelle un beau garçon, j'étais bien pris dans ma petite taille ; j'avais un joli pied, la jambe fine, l'air dégagé, la physionomie animée, la bouche mignonne, les sourcils et les cheveux noirs [...]. »

Nul doute que ces détails ne soient plus précis que ceux qui devraient donner une idée de « Maman ». C'est qu'il se produit dans les récits un renversement de point de vue aussi net que dans les aveux.

Les personnages qui entrent en scène, si importants soient-ils, ne doivent leur intérêt qu'à celui qui les évoque. Rousseau les aime en proportion de l'influence qu'ils ont eue sur lui. C'est probablement normal. Mais c'est exprimé ici d'une façon spécialement forte et ingénue, avec une telle focalisation de l'auteur sur sa personne que c'est elle qu'il découvre à travers l'apparition de Mme de Warens.

■ Mme Basile

Elle préfigure Mme de Warens dans le rôle de la protectrice. Elle est une de ces figures de femmes (nombreuses dans les *Confessions*) dont Rousseau paraît croire qu'il est proche, par une sympathie que les circonstances n'ont pas permis de manifester, mais dont le cœur est certain. Mme Basile est la première à compatir aux douleurs du jeune Rousseau, sorti de l'Hospice des convertis, et perdu dans Turin.

> « Un jour, cependant, passant d'assez bon matin dans la Contra nova, je vis à travers les vitres d'un comptoir une jeune marchande de si bonne grâce et d'un air si attirant que, malgré ma timidité près des dames, je n'hésitai pas d'entrer [...]. » (Livre II.)

Toute la suite du récit est d'abord dans le même ton, et l'on voit qu'il y a loin de la familiarité de ce passage à l'aspect dramatique de la rencontre avec Mme de Warens. Bien évidemment, alors que celle-ci est placée sur un piédestal, Mme Basile n'est qu'une figure de passage.

Elle reçoit pourtant les hommages d'une description, puis d'un récit. Le portrait est assez vif : « C'était une brune extrêmement piquante, mais dont le bon naturel peint sur son joli visage rendait la vivacité touchante. » La couleur de ses cheveux importe moins que la

« vivacité » qui est traditionnellement attribuée aux brunes. Ici encore, on soupçonne la convention. Brune enjouée, blonde alanguie, tout le monde sait cela ! Mais une nouvelle fois, cette convention prend un sens par le complément d'un autre passage – celui de la déclaration muette à la jolie brune en train de broder : « Son attitude était gracieuse, sa tête un peu baissée laissant voir la blancheur de son cou ; ses cheveux relevés avec élégance étaient ornés de fleurs. » Il y a là de quoi faire un tableau. C'est précisément sous cette forme que la « vivacité » de Mme Basile se fige, en quelque sorte. Rousseau associe deux adjectifs contraires pour décrire cela : après avoir signifié son émotion et s'être, sur un signe d'elle, jeté à ses genoux, « je ne sais (ajoute-t-il) comment eût fini **cette scène vive et muette** [...] si nous n'eussions été interrompus ».

Ce passage est (entre autres) cité par Jean Starobinski dans son étude sur Rousseau[7], et il est vrai qu'il représente bien « la transparence et l'obstacle » qui coexistent dans l'esprit de Rousseau. Car la spontanéité du jeune homme se mettant à genoux, comme la simplicité de Mme Basile, laisse croire que leurs âmes se sont comprises par un mouvement de « vivacité » élémentaire, qui se passe de paroles. Et cependant, cette absence de paroles souligne en même temps l'interdit : il est des amours que l'on n'a pas le droit de dire. Rousseau respecte cet obstacle, et même, il le magnifie par un geste de Mme Basile, le seul mouvement de la scène : « d'un simple mouvement de doigt », elle avait montré, à ses pieds, « la natte » où Rousseau s'était jeté. Ce mouvement, délicieusement ambigu, a la double valeur d'un encouragement et d'un blâme. Mme Basile a-t-elle voulu proposer au jeune homme de se déclarer, comme il veut le croire ? Lui a-t-elle au contraire adressé un geste de réprimande ?

Toute vive qu'elle est, Mme Basile est sage. Rousseau, qui dit avoir inventé, dans *La Nouvelle Héloïse*, « des

---

7. *Cf.* Orientation bibliographique, p. 117.

êtres selon son cœur », a aussi inventé Mme Basile – du moins le personnage de Mme Basile. Il en a fait un sujet de tableau, c'est-à-dire qu'il l'a représentée vivante, mais qu'il l'a faite inaccessible. Sa sensibilité trouve satisfaction dans cette mise à l'écart de la réalité, dans l'aimable transformation de ce qui a été en ce qui aurait pu être.

▪ Le juge-mage[8], tante Suson, les personnages secondaires

En comparant le portrait du juge-mage Simon à celui de tante Suson, on évalue mieux la distance qui sépare la réalité du sentiment. Rencontré par l'intermédiaire de Venture, le juge-mage est longuement décrit (livre III) pour sa « figure » peu ordinaire, bien qu'il tienne peu de place dans la vie de Rousseau. On apprend sa petite taille, sa curieuse voix mal posée, et une anecdote qui ferait assez de lui un héros du *Roman comique.* Heureusement, « ce petit nain, si disgracié dans son corps par la nature, en avait été dédommagé du côté de l'esprit ». C'est l'occasion pour Rousseau de lui accorder un souvenir déférent, que ne laissait pas présager la description d'abord risible du personnage. Là encore, c'est en deux moments que se compose le portrait, et les deux parties se compensent : « C'était assurément un bon petit homme dont on commençait par rire et qu'on finissait par aimer. »

Il s'avère que même les personnages secondaires, dont la vie est « peu liée », dit Rousseau, à la sienne, deviennent présents à la sensibilité de l'auteur. Ce qui plaît à Rousseau dans le juge Simon, c'est qu'il est mort de chagrin à la suite d'une « mauvaise affaire ». Car « dans ce corps si fluet logeait une âme très sensible ». À cette sensibilité qui l'apparente à lui, Rousseau rend des devoirs posthumes.

8. Ou président du tribunal (d'Annecy).

Et de même pour tante Suson. Elle ne fait dans les *Confessions* qu'une apparition furtive (livre I). Et son portrait est cependant plus vrai que les autres. « [...] j'étais toujours avec ma tante, à la voir broder, à l'entendre chanter, assis ou debout à côté d'elle, et j'étais content ». C'est presque une anticipation du portrait de Mme Basile. La présence de Rousseau auprès de celles qu'il aime se passe de tout contentement qui excède le simple sentiment d'exister en même temps que l'autre. « La sérénité d'âme de cette excellente fille » est soulignée, dans le dessein de montrer la transparence absolue de cette présence qui ne sous-entend rien, qui est plénitude. Or, cette plénitude s'exprime ici par le chant. Suson connaissait une chanson dont Rousseau ne se souvient qu'à moitié. Il est intéressant de voir qu'en cherchant à se la rappeler il en prolonge l'émotion tout en craignant de l'élucider :

> « J'ai cent fois projeté d'écrire à Paris pour faire chercher le reste des paroles, si tant est que quelqu'un les connaisse encore. Mais je suis presque sûr que le plaisir que je prends à me rappeler cet air s'évanouirait en partie, si j'avais la preuve que d'autres que ma pauvre tante Suson l'ont chanté. »

À la rigueur, on comprend cette exclusivité qu'il lui réserve. Mais il se trouve qu'elle est un signe supplémentaire que Rousseau craint de confronter sa sensibilité aux choses. Une tendresse sacrée émane du souvenir et Rousseau n'accepte de la dire que pour la garder jalousement.

Aperçus à travers le regard de la jeunesse par un écrivain d'âge mûr, les personnages des quatre premiers livres sont vus à la distance du temps... et de l'écriture. Or le temps et l'écriture sont peut-être une chance pour Rousseau : celle de donner un corps idéal à des êtres de chair ; et de n'atteindre ces corps que par l'approche de l'imagination.

4 - STYLE

Celui de Rousseau s'impose par son rythme narratif. Des pauses, au fil de l'histoire, ménagent des moments privilégiés.

■ Les récits

Rien n'est plus représentatif des *Confessions* que la distinction que l'on peut y établir entre les deux formes de narration que sont l'histoire et le récit. Selon la définition que Benveniste donne de ces termes, « l'histoire » conte les événements tels qu'ils se présentent, tandis que « le récit » est une scène ordonnée par l'écrivain, lequel lui confère un sens particulier. C'est une part détachée de l'histoire et développée pour elle-même selon l'interprétation de l'auteur : il raconte, et commente, et orne.

Le noyer (livre I)

Présenté après l'épisode de la fessée, celui du noyer n'est pas attendu à cet endroit du livre. Mais cela même est important, car Rousseau désire visiblement donner un joli souvenir, un dernier aperçu de son enfance, alors même qu'il vient d'en prendre rudement congé.

> « Près de trente ans se sont passés [...] sans que je me sois rappelé le séjour[9] d'une manière agréable par des souvenirs un peu liés ; mais depuis qu'ayant passé l'âge mûr je décline vers la vieillesse, je sens que ces mêmes souvenirs renaissent [...]. »

Ici intervient l'anecdote : Rousseau et son cousin ont tenté la plantation d'un noyer, et détourné, en vue de son arrosage, l'eau du jardin des Lambercier.

On est conduit à constater l'utile recul que donne l'écriture sur la vie. L'épisode du noyer, absolument détaché du contexte narratif, est une réminiscence du

9. À Bossey, chez les Lambercier.

vieil homme qui s'émerveille d'avoir été un enfant : « Ô vous, lecteurs curieux de la grande histoire du noyer de la terrasse, écoutez-en l'horrible tragédie et vous abstenez de frémir si vous pouvez ! » Le récit est déjà reconnaissable à ce style inhabituel de la parodie épique : le récit est changement de ton.

Preuve : l'appel direct au lecteur constitue une sortie hors de la narration chronologique. Ces enfants jardiniers (Rousseau et son cousin) plantant et irriguant en cachette « leur » arbre, Rousseau les regarde avec l'indulgence d'un père, et s'amuse, comme le pasteur Lambercier lui-même, de leurs travaux clandestins. Quand celui-ci, feignant la colère, démolit leur rigole, leur bassin, en criant « un aqueduc ! un aqueduc ! », il va de soi que Rousseau ne s'identifie pas aux « petits architectes », mais à leur éducateur. « Avoir pu construire un aqueduc de nos mains, avoir mis une bouture en concurrence avec un grand arbre, **me paraissait** le suprême degré de la gloire. » Le dernier verbe (« me paraissait ») témoigne de la duplicité du regard qui fait l'intérêt des récits : c'est le point de vue de l'auteur qui y domine.

Les cerises (livre IV)

Nouvel exemple d'un passage détaché – autrement appelé « idylle de Toune », du nom de la métairie où Rousseau, par un beau jour de promenade, rencontre deux « demoiselles » auprès desquelles il passe la journée, déjeunant à la ferme et cueillant des cerises. Le récit est d'autant plus étonnant qu'il suit immédiatement un des éléments dépréciatifs de la narration – celui de l'abandon de Le Maître. Ainsi qu'on l'a constaté pour « le noyer », un épisode heureux succède à une honte : le récit est un changement bénéfique.

Rousseau y tient d'abord le rôle de chevalier, faisant franchir le ruisseau aux chevaux des jeunes filles craintives. Et leur amitié se noue sur ce mode romanesque : « Vous vous êtes mouillé [disent-elles] pour notre service ; nous devons en conscience avoir soin de vous sécher : il faut, s'il vous plaît, venir avec nous ; nous vous arrêtons prisonnier. »

À partir de là, le récit rebondit sur ses propres ressorts :

> « Arrivés à Toune, et moi **bien séché**, nous déjeunâmes. Ensuite, il fallut procéder à l'importante affaire de préparer **le dîner** [...]. **Nous dînâmes** dans la cuisine [...]. **Après le dîner** nous fîmes des économies. Au lieu de prendre le café qui nous restait du déjeuner, [...] nous allâmes dans le verger achever notre dessert avec **des cerises** [...]. Je montai sur l'arbre, et je leur en jetai des **bouquets** [...]. Une fois Mlle Galley, avançant son tablier et reculant la tête, se présentait si bien, et je visai si juste, que je lui fis tomber un **bouquet dans le sein** ; et de rire. Je me disais en moi-même " Que **mes lèvres** ne sont-elles **des cerises** ! [...]." »

La reprise des mots suffit à la progression narrative. Arraché à un contexte douloureux, ce passage n'offre que le vocabulaire de l'insouciance. Il est à la fois dans le temps (les passés simples le montrent) et littérairement décalé (les imparfaits le relient au présent de l'écriture). Tous ces moyens contribuent à la logique interne d'un récit qui, après l'épisode de Lyon, fait une heureuse opposition de la campagne à la ville, et dit le bonheur du retour à la nature : c'est encore le parti pris de l'auteur qui fait des récits l'expression d'une morale du bonheur. Le vieux Rousseau qui, sur la fin de sa vie herborise, fait de son passé à Toune, pour l'espace d'une journée, un souvenir d'idylle à la campagne.

■ La description

Autre sorte de pause, contemplative : la description.

La nuit à la belle étoile

« Je me souviens d'avoir passé une nuit délicieuse hors de la ville. » Dès les premières lignes du passage, on retrouve les éléments qu'on a repérés déjà : le « souvenir » qui ouvre une parenthèse dans la narration ordinaire ; le plaisir de se trouver « hors de la ville », c'est-à-dire à l'abri des dangers.

Pourtant, ce passage n'est pas hors du temps. Il est un moment du dernier voyage à pied de Rousseau, et appartient au fil de l'histoire. Sa caractéristique est de s'y insérer comme une description pure – un instant de beauté.

> « La soirée était charmante ; la rosée humectait l'herbe flétrie ; point de vent, une nuit tranquille ; l'air était frais, sans être froid ; le soleil, après son coucher, avait laissé dans le ciel des vapeurs rouges dont la réflexion rendait l'eau couleur de rose ; les arbres des terrasses étaient chargés de rossignols qui se répondaient de l'un à l'autre. »

C'est ici le rythme qui est remarquable, parce qu'il va *crescendo* en laissant grandir l'émotion au fil des perceptions – le toucher, la vue, l'ouïe. Le petit nombre de verbes réduit le texte à sa forme la plus descriptive (les noms et les adjectifs imposent le décor). Si « le noyer » joue sur la couleur épique, « les cerises » sur l'imagination romanesque, c'est ici la valeur esthétique du passage qui le distingue. Esthétique et… synesthésique – car tous les sens y sont sollicités ensemble. Pourquoi ? parce que, à la fin de ce quatrième livre, au sortir du malheur et sur le point de retrouver « Maman », Rousseau ne peut se revoir qu'en harmonie avec le monde. Il lui faut composer (recomposer) par une symphonie une idée de la joie du retour : le dernier voyage à pied est l'apogée de tous les voyages qui conduisent à Mme de Warens. La description est toujours symbolique. Détachée du vécu comme par repoussoir, elle est l'expression privilégiée d'un bonheur idéal.

▪ L'analyse

Pause réflexive, l'analyse est directement expressive du caractère de l'auteur.

« Deux choses presque inaliables s'unissent en moi. »

C'est ce que déclare Rousseau, au début d'un développement célèbre. Et il étudie le partage qu'il sent entre ses sentiments (vifs) et ses idées (lentes). Par conséquent, ses phrases ont un rythme binaire marquant l'opposition. « Je sens tout et je ne vois rien. Je suis emporté, mais stupide [...] je fais d'excellents impromptus à loisir, mais sur le temps[10] je n'ai rien fait ni dit qui vaille. » Comme Rousseau manie souvent l'humour, il unit pour faire sourire les mots opposés d'« impromptus » et de « loisir », décrivant ainsi le défaut de réflexes que l'on appelle familièrement « l'esprit d'escalier ». Opposition de mots (oxymore) et succession de rythmes : ce sont évidemment des ressources oratoires. L'analyse a une forme démonstrative qui s'en accommode bien.

Car il s'agit de montrer – de se montrer. Qu'on ne s'y trompe pas, l'analyse est un dérivé des aveux. Rousseau explique par son caractère des fautes qui ne dépendent pas de sa volonté. En rapportant ses faiblesses à leur cause, il les explique et les excuse. Même son art d'auteur en est réhabilité : « Si j'avais su premièrement attendre, et puis rendre dans leur beauté les choses qui s'y[11] sont ainsi peintes, peu d'auteurs m'auraient surpassé. » Si l'on compare cette fin de paragraphe à son début badin, il apparaît qu'un regard sur soi-même aboutit toujours chez Rousseau aux questions fondamentales : ici, celle que se pose l'auteur sur ses propres qualités littéraires. C'est comme si le processus

10. C'est-à-dire « au bon moment ».

11. « Y » : dans les premières impressions.

des *Confessions* – aveux par l'écriture – devait conduire fatalement à remettre en cause l'écriture, ou à s'interroger sur sa qualité.

Cette qualité déterminant le pouvoir de conviction dont l'œuvre est capable, l'analyse par Rousseau de son talent d'écrivain a quelque chose d'essentiel. Loin d'en rester à une observation formelle de l'œuvre, elle envisage les *Confessions* comme un ensemble où le style et le contenu narratif sont indissociables, la forme même de l'écriture traduisant un caractère : « Je crois que voilà de quoi faire assez comprendre comment, n'**étant** pas un sot, j'ai cependant souvent **passé pour l'être** [...]. »

Différence de la réalité à l'apparence, de la vie à l'œuvre, tout le problème de l'authenticité par l'écriture est là. L'analyse par Rousseau de son génie est un essai de justification de l'œuvre même.

3

THÈMES

Les *Confessions* s'inscrivent dans le genre autobiographique. Ce qu'on pourrait appeler « écriture de soi » constitue donc l'intérêt d'une œuvre dans laquelle l'auteur est en même temps narrateur et sujet de son livre. Cette superposition des fonctions est le propre du genre, et ne va pas sans difficulté d'interprétation. S'écrire est d'une certaine manière faire son **autoportrait**. Mais chacun sait que la plupart des grands peintres se sont représentés déguisés, ce qui revient à se montrer soi-même comme un autre. Aussi soupçonne-t-on dans ce genre de peinture la transformation du modèle en exemple. La valeur exemplaire de l'autobiographie est certainement fondamentale : pour l'écrire, il faut être désireux d'intéresser autrui, le meilleur moyen de le faire étant de lui présenter de soi une image qu'il reconnaisse et dans laquelle il se reconnaisse aussi : double valeur de l'autoportrait, unique et significatif en même temps. C'est ce qu'exprimait déjà Montaigne en assurant : « Chaque homme porte la forme entière de l'humaine condition. » Rousseau se représente de même comme un exemple des **souffrances de la vertu**.

Il n'est pas de genre où l'auteur prend de plus grandes responsabilités que dans l'autobiographie. Si l'on considère que les auteurs se sont en général penchés sur leur passé dans un âge déjà mûr, on est obligé de penser qu'ils portent dans ce regard rétrospectif un jugement synthétique sur eux-mêmes. Ce qui, dans le temps vécu, a été morcelé (impressions, voyages, expériences), cela même que la mémoire ne présente qu'à l'état de fragments rescapés de l'oubli, il faut que l'écrivain en restaure la cohérence – quitte à l'imaginer. Que suis-je ? Les actes passés et l'interprétation qui les suit sont choses différentes. Où est l'unité du « moi » ? En général, les Mémoires sont « à la manière » de l'objet qu'ils s'appliquent à faire revivre. Une sorte de copie de ce qu'il fut. « Se rassembler à sa ressemblance », tel est, selon Georges Gusdorf[1], l'espoir de ceux qui se « confessent ». **Sincérité et vérité** sont les enjeux de cette démarche.

Comme elle ne peut être réalisée que dans l'art (écriture ou peinture), elle est toujours discutable. Loin d'être l'aboutissement logique d'une recherche expérimentale, le personnage de l'autobiographie est une création nouvelle : non pas l'ancien « moi » auquel l'auteur serait remonté comme à la cause première, mais le nouveau, celui qui est écrit (et qui écrit). Cette valeur active et passive à la fois de l'écriture confère aux mots le pouvoir de donner vie à celui qui s'en sert. « Les mots », selon ce qu'en dit Sartre dans sa propre autobiographie, sont-ils illusion ou réalité ? Et l'auteur se prend-il à leur mirage ? Celui auquel Rousseau s'abandonne lui permet de revivre comme il aurait voulu vivre, en donnant priorité aux sentiments. Le retour au sentiment pur, par la médiation de l'**imaginaire**, est ce qui caractérise le mieux les *Confessions.*

1. Auteur de nombreuses études sur l'autobiographie. *Cf.* orientation bibliographique, p. 117.

1 - LES SOUFFRANCES DE LA VERTU

> « Moi, moi seul. Je sens mon cœur, et je connais les hommes. »

On peut lire cette phrase dans le préambule. Le lien s'y établit aussitôt entre singulier et général, comme entre sensibilité et connaissance. Par intuition, Rousseau se situe par rapport au monde dans une place qui l'isole, mais qui lui permet d'en juger.

■ Les origines

C'est dans ses origines que Rousseau trouve les premières marques de lui-même. Immédiatement après le préambule, l'autobiographie évoque le couple des parents : « Je suis né à Genève en 1712, d'Isaac Rousseau, citoyen, et de Suzanne Bernard, citoyenne. » Le père, « fort habile » dans le métier d'horloger, était pauvre cependant ; la mère, « fille du ministre Bernard », était plus riche ; « elle avait de la sagesse et de la beauté ». Voilà posés les termes du roman familial. Non que Rousseau en ait forcément embelli les données ; mais, en prenant soin de les rapporter au début de l'œuvre, il la construit selon la technique des contes de fées, où les personnages séduisent d'emblée par leurs mérites, et touchent par l'injustice sociale qui leur est faite. N'est-ce pas en somme le double sentiment que Rousseau veut provoquer en sa faveur ?

Lui-même, en dépit des forfaits qu'il avoue, ou à cause de ces aveux mêmes, est un être vertueux ; mais il connaît les brimades d'une société qui l'accuse. Dans le portrait de ses parents existe l'anticipation du sien. Pourtant, plus heureux que lui, ses parents surmontent les obstacles : « leurs amours avaient commencé presque avec leur vie [...]. Tous deux, nés tendres et sensibles, n'attendaient que le moment de trouver dans un autre la même disposition [...]. Le sort qui semblait contrarier leur passion, ne fit que l'animer, [...] ». Cet éloge de l'amour vainqueur a naturellement quelque chose d'idéalisé, ne serait-ce que par l'emploi d'un vocabulaire abstrait – d'ailleurs commun aux auteurs de l'époque pour parler d'amour – et qui semble bien fait pour mettre en relief les termes de sentiment. On trouve ici la nostalgie d'un bonheur parfait, tel que Rousseau peut l'imaginer par procuration, s'il ne l'a pu vivre. Cet « âge d'or » dont parle Philippe Lejeune[2], s'il ne pouvait durer, est du moins rappelé, ou inventé par Rousseau pour exprimer son propre idéalisme. Il signifie qu'il reste en lui des traces du passé mort, dont il porte le regret : son père s'étant absenté, sa femme « le pressa de revenir : il quitta tout et revint. Je fus le triste fruit de ce retour ». Comment dire plus explicitement que le paradis est perdu? En mourant à la naissance de son fils Jean-Jacques, la mère lui laissait le souvenir de ses perfections, et le sentiment de sa propre faute.

L'autoportrait commence donc sous le signe d'une culpabilité innocente – les deux termes ensemble définissent ce que, dans la tragédie, on appelle « fatalité ».

▪ Les lieux

Les lieux contribuent à donner aux événements une valeur de présage, et ils sont pour Rousseau symboliquement associés aux grands moments de sa vie. Chaque lieu est investi par la sensibilité de l'auteur, qui lui donne le sens d'un signe. En cela, le lieu est un complément au portrait, comme on voit, en peinture, le décor former un ensemble avec le visage du premier plan.

Dans les *Confessions*, le décor passe même, parfois, au premier plan. S'il est bénéfique, comme celui où Rousseau aperçoit d'abord Mme de Warens, il prend l'allure d'un temple :

> « Je dois me souvenir du lieu ; je l'ai souvent, depuis, mouillé de mes larmes et couvert de mes baisers, que

---

2. Philippe Lejeune, *Le Pacte autobiographique*, Le Seuil, 1975-1996. *Cf. supra* et Annexe, pp. 113-114.

ne puis-je entourer d'un balustre d'or cette heureuse place ! que n'y puis-je attirer les hommages de toute la terre ! Quiconque aime à honorer les monuments de salut des hommes n'en devrait approcher qu'à genoux. »

L'emphase de ce passage est assez caractéristique de l'émotion qu'il veut communiquer. L'expérience personnelle de Rousseau est rapportée avec une telle passion que lui-même ne doute pas que la force en puisse toucher le lecteur, et que son admiration pour Mme de Warens ne propage un culte universel pour la figure parfaite de la bienfaitrice. Comme l'idylle parentale laissait deviner l'amour idéal, la rencontre transfigurée avec « Maman » suppose que Rousseau communique avec un monde invisible où trônent les grandes valeurs morales : la bonté, la justice... Quand il parle de lui, il ne se montre qu'à l'ombre de ces valeurs morales – ou, au contraire, dans leur « aura », nimbé de leur lumière, et désireux d'attirer vers elles des lecteurs qui n'y sauraient accéder sans lui.

Mais d'un monde idéal, Rousseau a été jeté dans le malheur. Certains lieux sont typiquement maléfiques, comme Genève, la ville aux portes fermées. Rousseau décrit comme un drame le moment où il a décidé de la quitter.

« À une demi-lieue de la ville, j'entends sonner la retraite ; je double le pas ; j'entends battre la caisse, je cours à toutes jambes [...] il était trop tard. À vingt pas de l'avancée je vois lever le premier pont. Je frémis en voyant en l'air ces cornes terribles, sinistre et fatal augure du sort inévitable que ce moment commençait pour moi. »

Les « cornes terribles » du pont sont significatives d'une description symbolique. Ce qui la complète, c'est le sens de l'apposition qui suit – « sinistre et fatal augure du sort inévitable... ». On ne saurait en rajouter sur la fatalité qui s'y exprime ; certes, on ne sait pas bien si elle a été d'emblée perçue par le jeune Rousseau, ou si l'écrivain donne après coup, dans la fermeture des portes, une raison valable à sa fuite. Quoi qu'il en soit, le départ de Genève, cette première aventure, est placé dans la continuité de la mort de la mère – ce premier malheur. Innocent mais coupable, Rousseau est victime du sort que lui jette le pont menaçant. Il se met obligatoirement en tort. Les lieux et les choses ont un langage muet pour l'âme sensible. Elle interprète leurs signes comme un verdict moral.

■ L'éducation

Dans ses premiers livres de *Confessions*, Rousseau associe étroitement le portrait qu'il fait de lui à l'éducation qu'il a reçue. On sait que ce fut sa préoccupation – l'*Émile* en témoigne – d'établir qu'il existe une nature enfantine spécifique que l'éducation doit respecter en permettant son développement.

Or, Rousseau montre par son exemple que certains procédés éducatifs, contrariant son caractère, n'ont rien obtenu que de le pervertir. L'innocence première du sentiment a été agressée :

> « Je sentis avant de penser : c'est le sort commun de l'humanité. Je l'éprouvai plus qu'un autre. »

Phrases révélatrices, ici encore, du souci de Rousseau de se rattacher aux autres en s'affirmant exceptionnel. Cette exception ne pouvait donc souffrir un traitement ordinaire. Jugé par les amis de Mme de Warens, Rousseau n'est qu'un médiocre (mais ce sont eux qui se trompent). Jugé par Marion, il est un méchant (mais Marion ignorait qu'il l'aimait). Dressé par un artisan inhumain, Rousseau devient menteur et voleur : son maître en est responsable. Comme lors de l'épisode du peigne cassé chez les Lambercier, il y a, dans ceux où Rousseau parle de son éducation, un mécanisme déterministe, l'enfant découvrant l'injustice et s'en défendant par la malice : l'éducation a fait tout le mal.

« La tyrannie de mon maître finit par me rendre insupportable le travail que j'aurais aimé, et par me donner des vices que j'aurais haïs, tels que le mensonge, la fainéantise, le vol. »

Puisque la tournure des phrases est souvent, chez Rousseau, l'indice d'un second degré du texte, il faut lire en prenant garde à la syntaxe, qui fait de « tyrannie » le sujet du verbe principal, et qui valorise, dans les subordonnées, le mode conditionnel : « j'aurais aimé/j'aurais haïs ». Outre le rythme binaire qui soutient les deux verbes, c'est leur valeur d'irréel qui compte – et qui montre que les vrais sentiments de Rousseau, ceux qui lui eussent été naturels, n'ont pu s'épanouir par la faute d'un maître qui les a brimés.

Tout compte fait, au-delà de l'excuse que, visiblement Rousseau se donne, il y a dans l'étude de son caractère un écho de ses théories sociales. Mis en présence du problème du mal comme tout écrivain philosophe, Rousseau n'accuse ni la nature pécheresse de l'homme, ni Dieu qui l'a laissé pécher. Disculpant Dieu et l'homme (et dans les *Confessions* se disculpant lui-même), il accuse la société. Finalement, en se montrant soumis à une fatalité initiale (sa naissance) puis à un déterminisme social (son éducation), Rousseau trace un portrait qui est aussi l'histoire d'une innocence dégradée. Privé par les circonstances de l'état de vertu naturelle, Rousseau trouve dans son exemplarité l'occasion d'illustrer une vérité générale. L'exposé de *sa* nature s'inscrit dans une réflexion sur *la* nature humaine et donne l'exemple des tribulations de la vertu.

Pour montrer, dès le premier livre des *Confessions*, la dégradation de la situation, Ph. Lejeune en compare l'évolution à celles de deux récits anciens : le premier est le récit biblique de la chute d'Adam ; le second est un mythe antique, souvent traité en poésie – la lente descente de l'homme, du bonheur de l'âge d'or aux souffrances de l'âge de fer. Entre le « roman des parents » et le « roman de Jean-Jacques », c'est l'histoire d'une progressive perte de l'innocence que raconte le livre I.

Il commence par le *roman des parents* (récit de ce que fut leur vie) :

– naissance ⟷ âge d'or
– exil du père ⟷ âge d'argent
– déceptions à Bossey ⟷ âge d'airain
– apprentissage ⟷ âge de fer
⇒ fuite de Genève

Alors, le livre I finit sur le *roman de Jean-Jacques* (récit de ce qu'aurait pu être sa vie).

Philippe Lejeune[3] commente à ce propos : « [Le livre I est] le premier acte du drame et le drame tout entier. » C'est indirectement affirmer que tout un caractère s'y est formé. Comme on voit, l'autoportrait, peint sur fond de contrastes, est une mise en scène nostalgique de la vertu. L'autoportrait serait donc exemplaire.

2 - LA SINCÉRITÉ ET LA VÉRITÉ

Ainsi, la connaissance de soi apparaît comme une épreuve et une justification morale de Rousseau, en vue d'une connaissance générale des hommes. Cette dialectique est destinée à rompre le tête-à-tête de Rousseau avec lui-même. Un rapport direct au lecteur, c'est ce que désire l'auteur des *Confessions*. Il refuse d'admettre que l'œuvre soit un artifice qui le sépare de son public. Sa « transparence » au lecteur est ce qu'il recherche. Si elle était obtenue, le projet des *Confessions* et leur réalisation seraient une seule et même chose, un tout absolument cohérent. Cependant, il n'en est rien. Car, d'une part, son être intérieur n'est connu que de Rousseau (il l'affirme dans le préambule de Neuchâtel) ; d'autre part, il ne se montre que déguisé, à cause du regard des autres auquel il se présente. La transparence est brouillée par cette nécessité de communication.

---

3. *Op. cit.*

De plus, Rousseau donnant à ce qu'il est la priorité sur ce qu'il a fait, pensant que son identité se trouve au fond de son caractère et non dans ses actes, il se sent écartelé entre ce qu'il est vraiment et ce qu'il doit raconter de sa vie. Il se réfugie en lui-même, dans le secret d'une conscience qui n'est pas racontable, et qui ne correspond pas avec ce que les autres savent objectivement de lui. Car tout n'est pas susceptible d'explication. Pour se « confesser », Rousseau n'a donc pas les moyens d'une pleine cohérence entre sincérité et vérité.

▪ La transparence et l'obstacle

Ce n'est pas un hasard si Rousseau est auteur de *Dialogues* : « Il fallait nécessairement, écrit-il au début de cette œuvre, que je disse de quel œil, **si j'étais autre**, je verrais un homme tel que je suis. » Ce dédoublement réflexif montre l'intention de se révéler le plus directement possible. Il est facile de voir que le résultat en sera incertain : d'un côté, l'objectivité qu'il souhaite est difficile à atteindre ; de l'autre, l'image qu'il cherche à construire de lui est celle d'un Rousseau sensible, inapte à penser. Comment donc ne détruirait-il pas la pureté première de ses sentiments en les convertissant en démonstration ? Il y a, dans le désir de prouver sa spontanéité, une contradiction interne. Rousseau a certainement conscience de cela, et il le laisse entendre dans la préface de Neuchâtel, en soulignant les difficultés de peindre « le modèle intérieur » que l'autobiographie prétend reproduire. Mais c'est à propos de ses prédécesseurs qu'il évoque ces difficultés – et de Montaigne en particulier. Pour son compte, il affirme qu'il sera différent d'eux, et que la vérité pure sortira de son récit. Pourquoi ? parce que, ainsi que le dit Jean Starobinski[4], « se connaître est un acte simple et instantané [pour Rousseau]. Il n'y a pas de différence entre se connaître

4. Jean Starobinski, *Jean-Jacques Rousseau, La Transparence et l'Obstacle*, Gallimard, « tel », 1971. *Cf.* Annexes, pp. 110-111.

et sentir ». Il est donc prêt à communiquer sa propre certitude – « je me connais, voilà qui je suis ». Telle est la transparence dont il rêve.

Mais qui est forcé de le croire ? Rousseau n'ignore pas que son lecteur peut se méfier. Pour se rendre crédible, il use d'un détour :

> « Si je me chargeais du résultat et que je lui disse [au lecteur] : " tel est mon caractère ", il pourrait croire que je le trompe, au moins que je me trompe. Mais en lui détaillant avec simplicité tout ce qui m'est arrivé, tout ce que j'ai fait, tout ce que j'ai pensé, tout ce que j'ai senti, je ne puis l'induire en erreur à moins que je ne le veuille, encore même en le voulant, n'y parviendrai-je pas aisément de cette façon. C'est à lui d'assembler ces éléments et de déterminer l'être qu'ils composent ; le résultat doit être son ouvrage, et **s'il se trompe alors, toute l'erreur sera de son fait** » (livre IV des *Confessions*).

L'astuce est évidente : faute de pouvoir se révéler absolument, l'auteur fournit au lecteur les moyens de le comprendre ; ou, si l'on veut, les éléments du puzzle dont Rousseau a l'image globale, et dont le lecteur assemblera les parties. Ainsi le jugement du lecteur, obstacle à la transparence des aveux, est-il sollicité pour déduire raisonnablement une vérité de caractère que Rousseau connaît, lui, par intuition. Et, ajoute Starobinski, « du même coup, Rousseau rejette sur les autres la responsabilité de tous les malentendus qui pourraient subsister : si le lecteur se trompe, toute l'erreur sera de son fait ». Rousseau contourne ainsi l'obstacle. Communiquer sa certitude, il ne le peut réellement. Donner des indices de lui-même qui permettront au lecteur de le connaître, il s'y efforce. Et surtout, il veut croire que le lecteur, s'il est de bonne foi comme lui, sera contraint de porter le même regard que lui sur le personnage qu'il lui propose. Sans quoi… le lecteur aurait tort.

C'est peut-être par un sophisme que Rousseau s'assure la compréhension d'autrui. Mais son désir de cohérence le pousse à vouloir faire coïncider l'avis des autres au sien propre. Il déplore qu'être et paraître se disjoignent, et manœuvre pour en restaurer l'unité en imposant à autrui de le deviner juste. C'est une sorte de demande d'amour.

■ La primauté du sentiment

En matière de sentiment, le deuxième *Discours* de Rousseau énonce une théorie : comme l'homme, à l'état naturel, est seul, seul existe l'amour de soi ; mais comme, par ailleurs, l'homme est social, l'amour de soi doit être étendu aux autres, par ce que Rousseau nomme « la pitié », et qu'il faut comprendre comme un désir de ne pas faire souffrir (juste retour du désir de ne pas souffrir soi-même). Tels sont les principes, moralement assez neutres. Or il se trouve que, dans *Les Confessions*, l'expression du sentiment est autrement brûlante. Se retirant dans un rôle presque exclusivement sensible, Rousseau y trouve le réconfort de son cœur, dont il garantit la pureté.

L'épisode du ruban volé est très clair là-dessus. Après avoir narré la scène, insistant sur le tort qu'il faisait à Marion en l'accusant du larcin, il commente :

> « Jamais la méchanceté ne fut plus loin de moi que dans ce cruel moment, et lorsque je chargeai cette malheureuse fille, il est bizarre, mais il est vrai que mon amitié pour elle en fut la cause. Elle était présente à ma pensée, je m'excusai sur le premier objet qui s'offrit. Je l'accusai d'avoir fait ce que je voulais faire, et de m'avoir donné le ruban, parce que **mon intention** était de le lui donner. »

Marion, va-t-on dire, aura cher payé le sentiment qu'elle inspirait – et ignorait peut-être ? Mais ce n'est pas de son point de vue que Rousseau envisage le fait, s'intéressant à la cause de son comportement plus encore qu'à ses conséquences. La vérité est pour lui en amont des actes, dans un cœur où « la méchanceté » n'a pas de place, où « l'amitié » domine. Rousseau donne même cette « amitié » pour « cause » de ses actes. Par un renversement des rôles il accuse l'autre « d'avoir fait ce qu'[il] voulai[t] faire », libérant son imagination en se déchargeant d'une faute. « Faire » et « vouloir faire » s'opposent nettement. C'est l'intention qui compte, n'est-ce pas ? Il faut donc distinguer entre l'être et le paraître. Casuistique du sentiment. Ce serait encore un tour de passe-passe si Rousseau n'éprouvait vraiment la sincérité de ses dires. Mais toute la fin du livre II, occupée par l'épisode du ruban, insiste sur ses regrets. C'est même l'unique occurrence où il parle de « crime » pour qualifier son comportement. Soit.

Or, voici ces dernières lignes :

> « Si c'est un crime qui puisse être expié, comme j'ose le croire, il doit l'être par tant de malheurs dont la fin de ma vie est accablée, par quarante ans de droiture et d'honneur dans des occasions difficiles, et la pauvre Marion trouve tant de vengeurs en ce monde que, quelque grande qu'ait été son offense envers elle, **je crains peu d'en emporter la coulpe[5] avec moi**. »

Cette délivrance finale, Rousseau se l'octroie de bon cœur, parce qu'il vient de constater que le monde a été aussi injuste envers lui que lui- même l'avait été envers Marion. Plus injuste même… Nouveau renversement, et celui-ci est définitif : Rousseau, qui ne voulait pas faire souffrir, est la victime de gens qui lui veulent du mal. Lui, qui connaît la pitié, est en butte à des adversaires qui l'ignorent – des « méchants ». On voit que la balance penche en sa faveur. Il aura fallu, pour que le ruban lui soit pardonné, qu'il plaide à côté du sujet lui-même ; que d'abord il se montre bon, et qu'ensuite il s'avoue malheureux. C'est une pure éthique du sentiment. Convié à prendre parti pour lui, le lecteur doit, s'il veut juger Rousseau, entrer dans une logique du cœur qui est le seul garant de la cohérence du personnage.

---

5. La coulpe : la faute.

La recomposition de Jean-Jacques par Rousseau dans ses Mémoires n'est donc pas banale. Car Rousseau prétend avoir de Jean-Jacques une vision directe. Mais, conscient de ne pouvoir la communiquer simplement, il pratique un aller et retour des autres à soi qui, dans un jeu relationnel, fixe son image. Jeu de responsabilité réciproque ; de justification indirecte ; d'une morale de sentiment où la seule vérité – intérieure – est à la fois offerte et dérobée. Au bout du compte, l'auteur tâche de répondre à la question « que suis-je ? », en assurant qu'il est capable d'aimer, et en demandant qu'on l'aime en retour. Ce rapport au lecteur est pour lui le moyen que sincérité et vérité coïncident ; le sentiment fonde la parole. Starobinski le confirme : « Rousseau nous demande de lui faire confiance en raison de la visée et de l'origine indicibles de sa parole[6]. » Paradoxe ? C'est celui de la vérité littéraire.

3 - L'IMAGINAIRE

Rousseau s'en prend à la littérature comme à une déformation de la vérité ; le langage articulé est en effet « une médiation inefficace qui trahit la pureté immédiate de la conviction ». Rousseau renie donc « l'œuvre », dans le sens où il en dénonce le caractère « transitif » : cet intermédiaire entre la vérité perçue et la vérité dite ; Starobinski résume vivement : il « ne veut pas plus avoir d'œuvre qu'il n'a voulu avoir d'enfants. Il veut jouir de soi, il veut résider dans l'unité, goûter le bonheur muet de la présence, au sein d'une nature maternelle ». On indiquera plusieurs passages des *Confessions* qui relèvent d'une telle analyse, montrant que l'écriture est pour Rousseau une manière de « jouir de soi ».

6. Jean Starobinski, *op. cit.*

■ L'amour

On a déjà vu le rôle des récits, chargés de retenir un bonheur passé. Mais il s'agit également de saisir dans le texte des *Confessions* la valeur constitutive de l'écriture. C'est par elle que Rousseau vit une seconde fois, et l'on pourrait soutenir même qu'il ne vit que par elle. Ses relations à Mme de Warens, par exemple, prennent leur mesure dans la révélation qui en est faite tardivement :

> « Enivré du charme de vivre auprès d'elle, du désir ardent d'y passer mes jours, absente ou présente, je voyais toujours en elle une tendre mère, une sœur chérie, une délicieuse amie, et rien de plus. Je la voyais toujours ainsi, toujours la même et ne voyais jamais qu'elle. Son image, toujours présente à mon cœur, n'y laissait place à nulle autre ; elle était pour moi la seule femme qui fût au monde ; et l'extrême douceur des sentiments qu'elle m'inspirait, ne laissant pas à mes sens le temps de s'éveiller pour d'autres, me garantissait d'elle et de tout son sexe. En un mot, j'étais sage parce que je l'aimais. »

La phrase de chute est jolie, dans sa simplicité d'association entre la vertu et l'amour. Mais ce n'est pas en elle que paraissent les signes les plus remarquables du sentiment. Au contraire, les premiers mots d'« enivré » et de « charme », pour convenus qu'ils sont, disent assez ce que puise Rousseau dans l'amour : un envoûtement délicat, où le bonheur est celui de la seule présence. **Présence** toute affective, d'ailleurs, puisqu'elle se fait sentir même au travers de **l'absence**. L'identité des deux situations est soulignée par la permanence du verbe « voir », qui s'applique à la vue des yeux comme à celle de l'esprit – et bien davantage à l'esprit : « Je la voyais toujours ainsi », dit Rousseau de Mme de Warens, pour expliquer ce qu'elle est pour lui – « mère, sœur, et amie ». Cette énumération de qualificatifs assure la permanence de la pensée du jeune homme pour une femme qui, jouant tous les rôles, comble sa vie. Et Rousseau le dit même plus explicitement sous une autre forme : « Je voyais toujours en elle une tendre mère, une sœur chérie... » ; ce qui signifie qu'il aime, au-delà de la personne, les figures parfaites dont elle est simultanément l'incarnation. La personne de Mme de Warens renvoie à un idéal, et, pour cette raison, elle importe surtout par « l'image » que Rousseau en garde, « toujours présente à [son] cœur ». L'amour est ici fait de mémoire affective. Seule la mémoire, en se référant à une image, peut assurer la continuité d'un sentiment qui est plénitude parce qu'il échappe au temps. L'imparfait, temps de la mémoire, sert ici à placer l'amour dans une sorte d'éternité, un « toujours » qui se rapporte, certes, au souvenir, mais qui le prolonge indéfiniment. Ainsi, l'écriture est le moyen de relier la présence à l'absence. Elle est concrétisation de la mémoire, et comme telle ne se contente pas d'évoquer : elle crée en esprit le bonheur, que Rousseau préférait vivre sous cette forme idéalisée.

■ La nature

Rousseau est déjà, dans les *Confessions*, « le promeneur solitaire ». Sa façon de profiter seul d'un paysage est en soi un plaisir artistique : celui d'écouter s'éveiller intérieurement les échos de la nature, et de s'en représenter les beautés dans une contemplation secrète. Il y a, dans le rapport de Rousseau aux paysages, une intimité qui va au-delà de la correspondance entre la nature et le cœur. Il y a, au sens propre, « impression ». Rousseau est assez réceptif, en promenade comme en amour, pour s'offrir à ce qu'il admire dans un état de disponibilité entière. Ce n'est pas exactement de la passivité, bien que l'initiative, en général, lui manque. C'est une attente d'amour, qui se manifeste à l'égard des choses comme envers les femmes. Il attend du spectacle de la nature une présence qui l'emplisse de joie. De joie, non de plaisir (chacun sait que la joie est grave). À la fin du livre IV, dans le dernier voyage qui le ramène chez Mme de Warens, il précise cette manière de sentir :

> « Mes idées étaient paisibles et douces, non célestes et ravissantes. Tous les objets que je passais frappaient ma vue ; je donnais de l'attention aux paysages ; je remarquais les arbres, les maisons, les ruisseaux ; je délibérais aux croisées des chemins, j'avais peur de me perdre, et je ne me perdais point. En un mot, je n'étais plus dans l'empyrée[7], j'étais tantôt où j'étais, tantôt où j'allais, jamais plus loin. »

Pour s'excuser de cette longue analyse, il ajoute :

> « Je suis, en racontant mes voyages, comme j'étais en les faisant ; je ne saurais arriver. »

Suit la description fameuse d'un paysage de montagne, où tous les commentateurs signalent la sensibilité « préromantique » de Rousseau. Mais on s'arrêtera au préambule cité, parce qu'il est plus explicatif que descriptif. Rousseau insiste sur sa participation au spectacle. Loin de dire un état de « ravissement » où son âme serait emportée au-delà des limites des sens, il se réduit à la perception des choses, par une coïncidence aussi exacte que possible entre « les objets » et « l'attention » qu'il leur prête. Observation ? On pourrait le croire, puisque la vue en est « frappée », et que les verbes indiquent, par ailleurs, une démarche intellectuelle : « donnais attention », « remarquais », « délibérais ». Mais cette attitude d'esprit n'est pas critique, autrement dit ne ménage pas de distance entre l'esprit et ce qu'il regarde. Car elle aboutit à un verbe d'état, dont l'emploi répété montre que l'important est dans la présence au monde : « **je n'étais plus** dans l'empyrée, **j'étais** tantôt où **j'étais**, tantôt où j'allais, jamais plus loin ». Cette manière de borner sa pensée et ses désirs à la situation présente est jouissance de soi ; de nouveau, on remarque un bonheur hors le temps qui est un état pleinement vécu dans une conscience aiguë de l'harmonie entre soi et le monde. Le désir de le prolonger conduit naturellement à l'écrire : « **Je suis**, en racontant mes

7. Dans l'Antiquité : la plus élevée des quatre sphères célestes. Au figuré : un lieu de délices.

voyages, comme **j'étais** en les faisant. » Prenant garde que le même verbe « être » est repris pour l'expression d'un état persistant et renforcé par le passage du temps présent à l'imparfait, on conclut que la pensée de l'auteur est assez capable de continuité pour reproduire et ainsi éterniser un état. Là-dessus, le parallèle « en racontant » – « en faisant » est très éclairant : identité entre faire et dire ; renouvellement d'un bonheur qui ne s'est pas éteint parce que, étant création de l'esprit, il est à même de réapparaître sous son impulsion. Dans son étude sur Rousseau, Marcel Raymond[8] cite Gaston Bachelard : « Ce n'est pas pour rien qu'on dit communément que le rêveur est plongé dans sa rêverie. Le monde ne lui fait plus vis-à-vis. Dans la rêverie, il n'y a plus de non-moi. » Dans l'écriture non plus, du moins telle que Rousseau la pratique dans ces passages où elle lui sert à revivre. L'évocation du paysage lui est prétexte à se retrouver. Raymond précise :

> « Il a concentré son attention profonde, mais assourdie, sur un ordre de sensations privilégiées [...] il a restauré le sentiment élémentaire et global de l'existence. Au " je pense " de Descartes, il aurait pu substituer un " je sens ineffablement, vaguement, mais avec certitude, que je suis existant " [...] ».

Cette remarque s'applique à la dernière œuvre, *Les Rêveries.* Mais dans les *Confessions* s'amorce, sous forme lyrique, le « thème de la nature » qu'il est d'usage de signaler dans l'étude de Rousseau. Les quatre premiers livres, sans exprimer comme d'autres l'extase devant la nature, en offrent surtout une vision personnelle, où l'exactitude de la description l'emporte sur le merveilleux, mais suscite une autre merveille : le sentiment d'être. La nature n'est donc pas évoquée en vain. Exempte de toute valeur décorative, elle participe à l'écriture autobiographique car elle est extension et garantie de l'existence du moi.

---

8. M. Raymond, *Jean-Jacques Rousseau, La Quête de soi et la rêverie*, Corti, 1962. *Cf.* Annexe, p. 112.

■ La rêverie

« La quête de soi et la rêverie », tel est le sous-titre du livre de M. Raymond, *Jean-Jacques Rousseau.* Associant les deux termes, il présente d'emblée le rapport entre l'imagination de l'auteur et son désir de se connaître. Dans la rêverie comme dans l'amour, comme dans la nature, il y aurait une possibilité de trouver, sous forme de bonheur sans doute, l'unité difficile, et l'innocence perdue. Ces thèmes sont si bien unis dans l'étude de Raymond que celui-ci propose (comme Lejeune, mais autrement) une analyse du premier livre dans laquelle la rêverie est compensation finale des déceptions, « dédommagement dans l'imaginaire ». On pourrait relire dans ce sens cette fin du livre I, de même qu'un autre passage bien plus anecdotique, assez curieux, celui du prétendu « **miracle** » du livre III.

En réponse à Fréron, l'un de ses adversaires, qui se gaussait de lui à ce propos, Rousseau rapporte l'affaire : le feu ayant pris à la maison de Mme de Warens, l'évêque qui était là en visite, M. de Bernex, se mit en prières, et toute la maisonnée avec lui. Dès lors, « le vent changea, mais si brusquement et si à propos, que les flammes qui couvraient la maison et entraient déjà par les fenêtres furent portées de l'autre côté de la cour, et la maison n'eut aucun mal ». Deux ans après, M. de Bernex était mort, et l'on procédait à la collecte des pièces pouvant servir à sa béatification. Rousseau attesta qu'il avait assisté à un miracle. De quoi ironiser, pour ses confrères du siècle des Lumières. Ils ne s'en privèrent pas. Rousseau leur répond, dans les *Confessions*, sur un ton raisonnable qui n'est pas trop dans sa manière. Il reconnaît, en souriant lui-même :

> « J'avais vu l'évêque en prière, et durant sa prière j'avais vu le vent changer, même très à propos ; voilà ce que je pouvais dire et certifier ; mais que l'une des choses fût la cause de l'autre, voilà ce que je ne devais pas attester. ».

Ce faisant, il opte pour la logique, et peut-être même pour une logique protestante, s'excusant sur le fait que, « alors sincèrement catholique, [il] étai[t] de bonne foi ». Cela pour l'excuse religieuse, les catholiques, comme on sait, admettant les miracles plus facilement que les réformés. Que Rousseau croie pouvoir expliquer ce qu'il juge désormais comme naïveté de sa part, soit. Mais la fin de sa justification importe :

> « L'amour du merveilleux, si naturel au cœur humain, ma vénération pour ce vertueux prélat, l'orgueil secret d'avoir peut-être contribué moi-même au miracle, aidèrent à me séduire ; et ce qu'il y a de sûr est que si ce miracle eût été l'effet des plus ardentes prières, j'aurais bien pu m'en attribuer ma part. »

L'ambiguïté de l'explication étonne, et va au-delà du plaidoyer. Non seulement Rousseau avoue un goût du « merveilleux », mais il laisse percer, moins directement, son désir d'y participer. Ce passage, qui ne correspond peut-être qu'à la nécessité de se défendre d'un adversaire, est tout de même révélateur de la sensibilité de Rousseau, comme de la manière dont il juge sa jeunesse, en la racontant : un jeune homme simple, spontanément porté à croire, une âme sur laquelle le merveilleux fait mouche parce qu'il espère y « contribuer ».

Cette contribution au miracle est peut-être d'ordre religieux (par la prière). Elle est sûrement d'ordre littéraire. Le « miracle » de l'écriture opère selon la logique ici décrite. Il établit un lien entre le jeune Rousseau et celui qui écrit : l'auteur, dans sa maturité, forme par l'écriture le portrait du petit Jean-Jacques. Il le doue, comme une bonne fée, du don de miracle ; du moins, il lui permet de croire aux miracles. Cette foi, que Rousseau âgé n'ose plus professer devant les « philosophes », peut-être en a-t-il la nostalgie. C'est avec tendresse qu'il parle de la ferveur de sa prière, comme s'il regrettait un temps où il lui était permis d'intercéder pour lui-même. Au moment où il se sent persécuté, Rousseau a recours à l'écriture comme à une prière. En attend-il un miracle ? Et croit-il encore aux miracles ? Du moins l'imaginaire lui servira de refuge.

Autre exemple : la fin du livre I, elle, est pure rêverie. Les *Lettres à Malesherbes*, puis les *Dialogues* témoignent du « monde enchanté » où Rousseau se plaît à vivre, en esprit naturellement. Le jeu de l'imagination compensatoire, propre à l'adolescence, trouve chez lui un domaine à investir, et remplit la vie entière. La vraie vie lui pèse-t-elle ? Une échappée se fait, vers une autre vie, qu'elle aurait pu être. Les dernières pages du premier livre sont le **roman de Jean-Jacques**, c'est-à-dire son propre personnage inventé par Rousseau :

> « Avant de m'abandonner à la fatalité de ma destinée, qu'on me permette de tourner un moment les yeux sur celle qui m'attendait naturellement si j'étais tombé dans les mains d'un meilleur maître[9]. »

Et Rousseau d'imaginer, par opposition à l'état d'errance où l'a conduit sa fuite de Genève, la stabilité où il aurait vécu dans le métier de graveur. Ce n'est pas la seule fois qu'il manifeste son regret de n'avoir pas été artisan. Au livre IV, par exemple, rêvant sur la tranquillité que lui eût offerte la bonne Merceret, qui l'aimait, il se représente quelle aurait été une vie modeste. Il s'en fait d'ailleurs une idée conventionnelle : « l'état tranquille et obscur d'un bon artisan » n'est pas une formule originale. Mais c'est précisément dans la banalité, la norme, que Rousseau peut se recueillir, lui que les querelles publiques ont rendu socialement indésirable. Suivant donc cette voie de salut, Rousseau se représente comme un avantage moral la vie qu'il n'a pas eue :

> « Cet état assez lucratif pour donner une subsistance aisée et pas assez pour mener à la fortune, eut borné mon ambition pour le reste de mes jours. »

Bizarrement, il ajoute : « … il m'eût contenu dans ma sphère sans m'offrir aucun moyen d'en sortir ». Croit-on qu'il prêche la médiocrité ? Oui, une condition sociale volontairement restrictive, qui laisse à l'esprit le loisir de rêver au-delà. Il y a un fort orgueil dans cette

9. Le maître artisan chez qui Rousseau fit son apprentissage.

affirmation d'une puissance imaginative qui dépasse toutes bornes :

> « Ayant une imagination assez riche pour orner de ses chimères tous les états, assez puissante pour me transporter, pour ainsi dire, à mon gré, de l'un à l'autre, il m'importait peu dans lequel je fusse en effet. »

Et il conclut, pour rêverie suprême :

> « J'aurais été bon chrétien, bon citoyen, bon père de famille, bon ami, bon ouvrier, bon homme en toute chose. »

Assurément, toute une partie du caractère de Rousseau est en accord avec cet idéal de vie civique. Il s'est contenté de peu, a copié de la musique pour vivre, s'est mis en ménage avec une fille du peuple. Mais il se leurre tout de même, et la trop parfaite organisation de cette existence imaginaire le montre ; et plus encore une erreur de conception évidente : « J'aurais été ... bon homme en toute chose. » Voilà Rousseau déterminé à la bonté par le métier de graveur dans la ville de Genève... Cela sent fort l'illusion. Mais Genève est la cité où le peuple est souverain, que la Réforme a purifiée, où la vertu est républicaine. L'écrivain, qui connaît l'Antiquité, y revoit ses grands modèles : Athènes, Rome... Le rêve personnel de Rousseau est aussi rêve politique, car il postule, comme l'indique Raymond, « une fusion quasi mystique des volontés particulières dans une volonté générale, l'union d'une famille réelle étendue à toute la cité ». Et le même commentateur ajoute, ce qui paraît important : « Ainsi le " système " de Rousseau, ses ouvrages de doctrine – le *Contrat social* au premier chef – sont des essais de récupération positive de " ce qui a été perdu ". » Voilà comment tout « ce qui a été perdu » devient œuvre littéraire, et se trouve substitué en imagination à une vie imparfaite. L'autobiographie n'est plus copie, mais réécriture. Elle permet une autre vie, faite en marge de la première, et préservée de la dégradation par la sincérité du désir qui la suscite. Car illusion et sincérité ne sont pas incompatibles.

En confiant à l'écriture une vie double – ce qu'il a fait et ce qu'il n'a pas fait – Rousseau joue sur toutes les possibilités qui lui restent en tant qu'auteur. Peut-être s'y trompa-t-il lui-même ? Il dut le savoir, car les *Confessions* sont inachevées. Certains ont prétendu, sans ironie, que c'était leur plus grande beauté. En tout cas la plus émouvante : après avoir présenté au miroir des mots le visible et l'invisible, et cru à la fidélité de cette image, Rousseau se sera peut-être rendu compte que l'ordre de la parole ne suffisait pas à la vérité. Il interrompit son ouvrage, pour n'avoir pu sans doute, comme le dit Jean Guéhenno[10] dans son importante étude sur Rousseau, établir un rapport entre sincérité et vérité. Tel était pourtant son but, ainsi qu'en témoigne la dernière page du livre XII, le dernier des *Confessions* – quelques phrases arrogantes, et désespérées :

> « J'ai dit la vérité. Si quelqu'un sait des choses contraires à ce que je viens d'exposer, fussent-elles mille fois prouvées, il sait des mensonges et des impostures, et s'il refuse de les approfondir, et de les éclaircir avec moi, tandis que je suis en vie, il n'aime ni la justice ni la vérité. Pour moi, je le déclare hautement et sans crainte : quiconque, même sans avoir lu mes écrits, examinera par ses propres yeux mon naturel, mon caractère, mes mœurs, mes penchants, mes plaisirs, mes habitudes, et pourra me croire un malhonnête homme, est lui-même un homme à étouffer. »

---

10. Jean Guéhenno, *Jean-Jacques, histoire d'une conscience*, Paris, Gallimard, 1948-1952.

▪ Texte 1. Histoire d'une innocence

Rousseau a le sentiment aigu de son originalité. L'analyse de ses rapports à la société est un règlement de comptes. Rousseau sort innocent de cette confrontation.

> « J'ai dit, je répète et je répéterai peut-être une chose dont je suis tous les jours plus pénétré ; c'est que si jamais enfant reçut une éducation raisonnable et saine, ç'a été moi. Né dans une famille que ses mœurs distinguaient du peuple, je n'avais reçu que des leçons de sagesse et des exemples d'honneur de tous mes parents. Mon père, quoique homme de plaisir, avait non seulement une probité sûre, mais beaucoup de religion. Galant homme dans le monde et chrétien dans l'intérieur, il m'avait inspiré de bonne heure les sentiments dont il était pénétré. De mes trois tantes, toutes sages et vertueuses, les deux aînées étaient dévotes, et la troisième, fille à la fois pleine de grâces, d'esprit et de sens, l'était peut-être encore plus qu'elles, quoique avec moins d'ostentation. Du sein de cette estimable famille, je passai chez M. Lambercier, qui, bien qu'homme d'Église et prédicateur, était croyant en dedans et faisait presque aussi bien qu'il disait. Sa sœur et lui cultivèrent, par des instructions douces et judicieuses, les principes de piété qu'ils trouvèrent dans mon cœur. Ces dignes gens employèrent pour cela des moyens si vrais, si discrets, si raisonnables, que, loin de m'ennuyer au sermon, je n'en sortais jamais sans être intérieurement touché et sans faire des résolutions de bien vivre, auxquelles je manquais rarement en y pensant. Chez ma tante Bernard la dévotion m'ennuyait un peu plus, parce qu'elle en faisait un métier. Chez mon maître je n'y pensais plus guère, sans pourtant penser différemment. Je ne trouvai point de jeunes gens qui me pervertissent. Je devins polisson, mais non libertin.
>
> « J'avais donc de la religion tout ce qu'un enfant à l'âge où j'étais en pouvait avoir. J'en avais même davantage, car pourquoi déguiser ici ma pensée ? Mon enfance ne fut point d'un enfant ; je sentis, je pensai

toujours en homme. Ce n'est qu'en grandissant que je suis rentré dans la classe ordinaire ; en naissant, j'en étais sorti. »

Livre II

▪ Texte 2. La vérité du sentiment

L'amour de Mme de Warens a « développé » chez Rousseau « cette sensibilité de cœur » qui est la première qualité qu'il revendique. L'amour, les lieux du bonheur, la nature contribuent à former un souvenir dont la douceur même est un gage de sincérité.

« Me voilà donc enfin établi chez elle. Cet établissement ne fut pourtant pas encore celui dont je date les jours heureux de ma vie, mais il servit à le préparer. Quoique cette sensibilité de cœur, qui nous fait vraiment jouir de nous, soit l'ouvrage de la nature, et peut-être un produit de l'organisation, elle a besoin de situations qui la développent. Sans ces causes occasionnelles, un homme né très sensible ne sentirait rien, et mourrait sans avoir connu son être. Tel à peu près j'avais été jusqu'alors, et tel j'aurais toujours été peut-être, si je n'avais jamais connu Mme de Warens, ou si même, l'ayant connue, je n'avais pas vécu assez longtemps auprès d'elle pour contracter la douce habitude des sentiments affectueux qu'elle m'inspira. J'oserai le dire, qui ne sent que l'amour ne sent pas ce qu'il y a de plus doux dans la vie. Je connais un autre sentiment, moins impétueux peut-être, mais plus délicieux mille fois, qui quelquefois est joint à l'amour, et qui souvent en est séparé. Ce sentiment n'est pas non plus l'amitié seule ; il est plus voluptueux, plus tendre : je n'imagine pas qu'il puisse agir pour quelqu'un du même sexe ; du moins je fus ami si jamais homme le fut, et je ne l'éprouvai jamais près d'aucun de mes amis. Ceci n'est pas clair, mais il le deviendra dans la suite ; les sentiments ne se décrivent bien que par leurs effets.

« Elle habitait une vieille maison, mais assez grande pour avoir une belle pièce de réserve, dont elle fit sa chambre de parade, et qui fut celle où l'on me logea. Cette chambre était sur le passage dont j'ai parlé, où se fit notre première entrevue, et au-delà du ruisseau et des jardins on découvrait la campagne. Cet aspect n'était pas pour le jeune habitant une chose indifférente. C'était, depuis Bossey, la première fois que j'avais du vert devant mes fenêtres. Toujours masqué par des murs, je n'avais eu sous les yeux que des toits ou le gris des rues. Combien cette nouveauté me fut sensible et douce ! Elle augmenta beaucoup mes dispositions à l'attendrissement. Je faisais de ce charmant paysage encore un des bienfaits de ma chère patronne : il me semblait qu'elle l'avait mis là tout exprès pour moi ; je m'y plaçais paisiblement auprès d'elle ; je la voyais partout entre les fleurs et la verdure ; ses charmes et ceux du printemps se confondaient à mes yeux. Mon cœur, jusqu'alors comprimé, se trouvait plus au large dans cet espace, et mes soupirs s'exhalaient plus librement parmi ces vergers. »

Livre III

■ Texte 3. Rêves et réalité

Les voyages favorisent la rêverie, comme Rousseau le fait comprendre avec humour. Épique ou lyrique, elle est pour lui une autre vie, sans point commun avec la réalité.

> « Je mis à ce voyage une quinzaine de jours, que je peux compter parmi les heureux de ma vie. J'étais jeune, je me portais bien, j'avais assez d'argent, beaucoup d'espérance, je voyageais, je voyageais à pied, et je voyageais seul. On serait étonné de me voir compter un pareil avantage, si déjà l'on n'avait dû se familiariser avec mon humeur. Mes douces chimères me tenaient compagnie, et jamais la chaleur de mon imagination n'en enfanta de plus magnifiques. Quand on m'offrait quelque place vide dans une voiture, ou que quelqu'un m'accostait en route, je rechignais de voir renverser la fortune dont je bâtissais l'édifice en marchant. Cette fois mes idées étaient martiales. J'allais m'attacher à un militaire et devenir militaire moi-même : car on avait arrangé que je commencerais par être cadet[11]. Je croyais déjà me voir en habit d'officier avec un beau plumet blanc. Mon cœur s'enflait à cette noble idée. J'avais quelque teinture de géométrie et de fortifications ; j'avais un oncle ingénieur ; j'étais en quelque sorte enfant de la balle[12]. Ma vue courte offrait un peu d'obstacle, mais qui ne m'embarrassait pas ; et je comptais bien à force de sang-froid et d'intrépidité suppléer à ce défaut. J'avais lu que le maréchal Schomberg avait la vue très courte ; pourquoi le maréchal Rousseau ne l'aurait-il pas ? Je m'échauffais tellement sur ces folies, que je ne voyais plus que troupes, remparts, gabions[13], batteries, et moi, au milieu du feu et de la fumée, don-

11. Jeune gentilhomme qui sert comme simple soldat pour apprendre le métier de la guerre (*Dict. Acad.*, 1762).

12. Les enfants qui embrassent la profession de leur père (*Dict. Acad.*, 1762) ; « *en quelque sorte* » : il s'agit, pour Rousseau, de la profession de son oncle.

13. Paniers que l'on remplit de terre, dans les sièges, pour protéger travailleurs et soldats (*Dict. Acad.*, 1762).

nant tranquillement mes ordres, la lorgnette à la main. Cependant, quand je passais dans des campagnes agréables, que je voyais des bocages et des ruisseaux, ce touchant aspect me faisait soupirer de regret ; je sentais au milieu de ma gloire que mon cœur n'était pas fait pour tant de fracas, et bientôt, sans savoir comment, je me retrouvais au milieu de mes chères bergeries, renonçant pour jamais aux travaux de Mars.

Combien l'abord de Paris démentit l'idée que j'en avais ! La décoration extérieure que j'avais vue à Turin, la beauté des rues, la symétrie et l'alignement des maisons me faisaient chercher à Paris autre chose encore. Je m'étais figuré une ville aussi belle que grande, de l'aspect le plus imposant, où l'on ne voyait que de superbes rues, des palais de marbre et d'or. En entrant par le faubourg Saint-Marceau, je ne vis que de petites rues sales et puantes, de vilaines maisons noires, l'air de la malpropreté, de la pauvreté, des mendiants, des charretiers, des ravaudeuses, des crieuses de tisanes et de vieux chapeaux. »

Livre IV

4

ÉCHOS ET CORRESPONDANCES

1 - POURQUOI L'AUTOBIOGRAPHIE ?

L'autobiographie, on a pu s'en rendre compte, donne du modèle une interprétation qui a l'intérêt d'être subjective. Il ne faut donc pas compter que la vérité y soit garantie, et l'on peut même douter que la sincérité y soit entière. Mais qu'est-ce que la vérité? Quand Proust parle d'un « moi littéraire », différent du « moi » de tous les jours, il distingue la vérité de l'artiste de celle de l'homme; et il considère que seul l'artiste a « le pouvoir réfléchissant de traduire les choses ». La vérité littéraire est vérité de l'esprit, elle paraît dans la représentation artistique du monde : image du monde et image de soi, les deux sont liées, car le regard de l'artiste est déterminant dans la vérité qu'il propose : une **vérité intérieure**.

Cette idée est moderne et l'on peut affirmer que Rousseau l'a pressentie. Les textes qui vont être cités dans les pages suivantes seront autant de manières de traiter la question de l'expression de « moi » et de sa relation au monde.

■ Saint Augustin

La littérature autobiographique eut pour premier modèle les *Confessions* de saint Augustin (v. 400). Tandis qu'Aristote dénonçait les dangers de l'introspection, la pensée chrétienne fit de l'examen de conscience le moyen de mettre à nu son âme devant Dieu dans un mouvement d'abandon qui est aussi recherche de vérité.

> « Ce que c'est que se confesser à Dieu.
>
> « Au reste, pour vous, Seigneur, dont les yeux dénudent l'abîme de la conscience humaine, qu'y aurait-il de caché en moi, lors même que je ne voudrais pas vous le confesser? C'est vous que je cacherais à moi-même, et non pas moi à vous. Et maintenant que mes gémissements témoignent du dégoût que j'ai de moi-même, vous, ma lumière et ma joie, vous êtes l'objet de mon amour et de mon désir, au point que je rougis de moi, que je me fuis pour vous choisir, et ne veux plaire à vous ou à moi que par vous.
>
> « Vous me connaissez donc, Seigneur, quel que je sois. Quel fruit j'escompte de la confession que je vous fais, je l'ai dit. Cette confession, je vous la fais, non avec des mots et des accents charnels, mais avec les mots de l'âme et le cri de la pensée que connaît votre oreille. Quand je suis mauvais, me confesser à vous ce n'est rien d'autre que me déplaire à moi-même; quand je suis bon, c'est ne pas m'en rapporter le mérite, car c'est vous, Seigneur, qui “ bénissez le juste ”, mais d'abord “ vous faites un juste du pécheur ”. Ainsi ma confession, ô mon Dieu, comme je la fais en votre présence, est muette et elle ne l'est pas; ma bouche se tait, mais mon cœur crie. Je ne dis aux hommes rien de vrai que vous n'ayez d'abord entendu de moi, et vous n'entendez rien de moi que vous ne m'ayez d'abord dit vous-même. »

Augustin, *Confessions*,
Paris, Garnier, livre X, t. II, 1950, pp. 59-60.

▪ Montaigne

Les *Essais* de Montaigne sont, d'après leur auteur, « de bonne foi ». Il souligne, non sans coquetterie, la spontanéité de son projet : « se peindre ». Le rapport de l'auteur au lecteur s'établit par complicité, avec une certaine complaisance de Montaigne envers lui-même. L'autobiographie s'annonce sur le ton de l'intimité.

Avant-propos de 1580.

« C'est ici un livre de bonne foi, lecteur. Il t'avertit dès l'entrée que je ne m'y suis proposé aucune fin, que domestique et privée. Je n'y ai eu nulle considération de ton service, ni de ma gloire. Mes forces ne sont pas capables d'un tel dessein. Je l'ai voué à la commodité particulière de mes parents et amis : à ce que m'ayant perdu (ce qu'ils ont à faire bientôt) ils y puissent retrouver aucuns traits de mes conditions et humeurs, et que par ce moyen ils nourrissent plus entière et plus vive la connaissance qu'ils ont eue de moi. Si c'eût été pour rechercher la faveur du monde, je me fusse mieux paré et me présenterais en une marche étudiée. Je veux qu'on m'y voie en ma façon simple, naturelle et ordinaire, sans contention et artifice : car c'est moi que je peins. Mes défauts s'y liront au vif, et ma forme naïve, autant que la révérence publique me l'a permis. Que si j'eusse été entre ces nations qu'on dit vivre encore sous la douce liberté des premières lois de nature, je t'assure que je m'y fusse très volontiers peint tout entier, et tout nu. Ainsi, lecteur, je suis moi-même la matière de mon livre : ce n'est pas raison que tu emploies ton loisir en un sujet si frivole et si vain : à Dieu donc.

De Montaigne, ce premier de mars mille cinq cent quatre-vingt. »

Montaigne, *Essais*, « Avant-Propos »,
Le Livre de poche, t. I, 1972, p. 23.

▪ Chateaubriand

Chateaubriand reconnaît, dans l'avant-propos de ses *Mémoires d'outre-tombe* (1846), les difficultés chronologiques d'une autobiographie. L'idée du temps, exprimée par métaphores, domine ces premières pages et présente l'œuvre comme un moment rescapé de l'Histoire.

> « Ces *Mémoires* ont été composés à différentes dates et en différents pays. De là, des prologues obligés qui peignent les lieux que j'avais sous les yeux, les sentiments qui m'occupaient au moment où se renoue le fil de ma narration. Les formes changeantes de ma vie sont ainsi entrées les unes dans les autres : il m'est arrivé que, dans mes instants de prospérité, j'ai eu à parler de mes temps de misère; dans mes jours de tribulation, à retracer mes jours de bonheur. Ma jeunesse pénétrant dans ma vieillesse, la gravité de mes années d'expérience attristant mes années légères, les rayons de mon soleil, depuis son aurore jusqu'à son couchant, se croisant et se confondant, ont produit dans mes récits une sorte de confusion, ou, si l'on veut, une sorte d'unité indéfinissable; mon berceau a de ma tombe, ma tombe a de mon berceau : mes souffrances deviennent des plaisirs, mes plaisirs des douleurs, et je ne sais plus, en achevant de lire ces *Mémoires*, s'ils sont d'une tête brune ou chenue.
>
> « J'ignore si ce mélange, auquel je ne puis apporter remède, plaira ou déplaira; il est le fruit des inconstances de mon sort : les tempêtes ne m'ont laissé souvent de table pour écrire que l'écueil de mon naufrage.
>
> « On m'a pressé de faire paraître de mon vivant quelques morceaux de ces *Mémoires*; je préfère parler du fond de mon cercueil; ma narration sera alors accompagnée de ces voix qui ont quelque chose de sacré, parce qu'elles sortent du sépulcre.

Chateaubriand, *Mémoires d'outre-tombe*,
Le Livre de poche, « Avant-Propos »,
t. I, 1973, pp. 36-37.

▪ Julien Green

Partir avant le jour (1963) est le récit, par Julien Green, de son enfance de jeune Américain à Paris. L'auteur espère découvrir dans la mémoire le secret de ce qu'il est devenu : chercher à se comprendre, et poser à son âme la question que méditent les religieuses du Carmel : « Ma fille, qu'êtes-vous venue faire ici ? » C'est cette inquiétude métaphysique qu'exprime une œuvre où le souvenir du « jardin » d'enfance est peut-être celui d'un paradis perdu.

> « À parler de ces choses, il me semble que le temps se détruit et que de nouveau je suis là-bas, dans ce jardin qui n'existe plus. Je sentais l'air frais sur mes joues et une pensée que je n'arrivais pas à formuler se logeait dans ma tête. Le bruit d'un tapis qu'on battait et cette musique alerte qui rendait malgré tout un peu triste et qui résonnait au loin, comme tout cela m'est présent aujourd'hui et comme il était étrange – oui, c'était bien cela que j'éprouvais et ne pouvais dire –, comme il était étrange d'être dans ce jardin, avec la terre sous les pieds et cette fraîcheur sur le visage, et dans le cœur quelque chose de secret, le bonheur de vivre, alors qu'on ne savait pas encore ce que vivre voulait dire.
>
> « Dans les cellules de carmélites, une inscription porte ces mots : « Ma fille, qu'êtes-vous venue faire ici? » Cette question que Dieu pose à l'âme des religieuses, il la posait à sa manière, avec toute la douceur et la délicatesse de l'amour, à l'âme d'un enfant qui ne devait la comprendre que plus tard et dont la cellule était le monde.
>
> « Dieu parle avec une extrême douceur aux enfants et ce qu'il a à leur dire, il le leur dit souvent sans paroles. La création lui fournit le vocabulaire dont il a besoin, les feuilles, les nuages, l'eau qui coule, une tache de lumière. C'est le langage secret qui ne s'apprend pas dans les livres et que les enfants connaissent bien. À cause de cela, on les voit s'arrêter tout à coup au milieu de leurs occupations. On dit alors qu'ils sont distraits ou rêveurs. L'éducation corrige tout cela en nous le fai-

sant désapprendre. On peut comparer les enfants à un vaste peuple qui aurait reçu un secret incommunicable et qui peu à peu l'oublie, sa destinée ayant été prise en main par des nations prétendues civilisées. Tel homme chargé d'honneurs ridicules meurt écrasé sous le poids des jours et la tête pleine d'un savoir futile, ayant oublié l'essentiel dont il avait l'intuition à l'âge de cinq ans. Pour ma part, j'ai su ce que savent les enfants et tous les raisonnements du monde n'ont pu m'arracher complètement ce quelque chose d'inexprimable. Les mots ne peuvent le décrire. Il se cache sous le seuil du langage, et sur cette terre il reste muet. »

J. Green, *Partir avant le jour*, Grasset, 1963.

▪ Marguerite Yourcenar

« L'être que j'appelle moi » : c'est dans ces termes que Marguerite Yourcenar part à la recherche de ses origines dans *Souvenirs pieux* (1974). Soulignant l'écart entre les faits qu'elle rapporte et la personne qu'ils déterminent, elle insiste sur le double rapport du « je » au moi et au monde.

> « L'être que j'appelle moi vint au monde un certain lundi 8 juin 1903, vers les 8 heures du matin, à Bruxelles, et naissait d'un Français appartenant à une vieille famille du Nord, et d'une Belge dont les ascendants avaient été durant quelques siècles établis à Liège, puis s'étaient fixés dans le Hainaut. La maison où se passait cet événement, puisque toute naissance en est un pour le père et la mère et quelques personnes qui leur tiennent de près, se trouvait située au numéro 193 de l'avenue Louise, et a disparu il y a une quinzaine d'années, dévorée par un building.
>
> « Ayant ainsi consigné ces quelques faits qui ne signifient rien par eux-mêmes, et qui, cependant, et pour chacun de nous, mènent plus loin que notre propre histoire et même que l'histoire tout court, je m'arrête, prise de vertige devant l'inextricable enchevêtrement d'incidents et de circonstances qui plus ou moins nous déterminent tous. Cet enfant du sexe féminin, déjà pris dans les coordonnées de l'ère chrétienne et de l'Europe du XXe siècle, ce bout de chair rose pleurant dans un berceau bleu, m'oblige à me poser une série de questions d'autant plus redoutables qu'elles paraissent banales, et qu'un littérateur qui sait son métier se garde bien de formuler. Que cet enfant soit moi, je n'en puis douter de tout. Néanmoins, pour triompher en partie du sentiment d'irréalité que me donne cette identification, je suis forcée, tout comme je le serais pour un personnage historique que j'aurais tenté de recréer, de m'accrocher à des bribes de souvenirs reçus de seconde ou de dixième main, à des informations tirées de bouts de lettres ou de feuillets de calepins qu'on a négligé de jeter au panier, et que notre avidité de savoir pressure au-delà de ce qu'ils peuvent donner, ou d'aller compulser dans des mairies ou chez des notaires des pièces

authentiques dont le jargon administratif et légal élimine tout contenu humain. Je n'ignore pas que tout cela est faux ou vague comme tout ce qui a été réinterprété par la mémoire de trop d'individus différents, plat comme ce qu'on écrit sur la ligne pointillée d'une demande de passeport, niais comme les anecdotes qu'on se transmet en famille, rongé par ce qui entretemps s'est amassé en nous comme une pierre par le lichen ou du métal par la rouille. Ces bribes de faits crus connus sont cependant entre cet enfant et moi la seule passerelle viable ; ils sont aussi la seule bouée qui nous soutient tous deux sur la mer du temps. »

M. Yourcenar, *Souvenirs pieux*,
Gallimard, « Folio », 1974, pp. 13-14.

■ Nathalie Sarraute

Nathalie Sarraute publie en 1983 un ouvrage autobiographique, *Enfance*. Le procédé du dialogue témoigne évidemment de la dualité du personnage, auteur et sujet de son livre. Comme le « nouveau roman » a remis en cause le roman, cette forme autobiographique dénonce (en s'y pliant tout de même) les artifices du genre.

> « Alors, tu vas vraiment faire ça? “ Évoquer tes souvenirs d'enfance ”... Comme ces mots te gênent, tu ne les aimes pas. Mais reconnais que ce sont les seuls mots qui conviennent. Tu veux “ évoquer tes souvenirs ”... il n'y a pas à tortiller, c'est bien ça.
>
> – Oui, je n'y peux rien, ça me tente, je ne sais pas pourquoi...
>
> – C'est peut-être... est-ce que ce ne serait pas... on ne s'en rend parfois pas compte... c'est peut-être que tes forces déclinent...
>
> – Non, je ne crois pas... du moins je ne le sens pas...
>
> – Et pourtant ce que tu veux faire... “ évoquer tes souvenirs ”... est-ce que ce ne serait pas...
>
> – Oh! je t'en prie...
>
> – Si, il faut se le demander : est-ce que ce ne serait pas prendre ta retraite? te ranger? quitter ton élément, où jusqu'ici, tant bien que mal...
>
> – Oui, comme tu dis, tant bien que mal... [...]
>
> – Est-ce vrai? Tu n'as vraiment pas oublié comment c'était là-bas? comment là-bas tout fluctue, se transforme, s'échappe... tu avances à tâtons toujours cherchant, te tendant... vers quoi? qu'est-ce que c'est? ça ne ressemble à rien... personne n'en parle... ça se dérobe, tu l'agrippes comme tu peux, tu le pousses... où? n'importe où, pourvu que ça trouve un milieu propice où ça se développe, où ça parvienne peut-être à vivre... Tiens, rien que d'y penser...
>
> – Oui, ça te rend grandiloquent. Je dirai même outrecuidant. Je me demande si ce n'est pas toujours cette même crainte... Souviens-toi comme elle revient cha-

que fois que quelque chose encore informe se propose... Ce qui nous est resté des anciennes tentatives nous paraît toujours avoir l'avantage sur ce qui tremblote quelque part dans les limbes...

– Mais justement, ce que je crains, cette fois, c'est que ça ne tremble pas... pas assez... que ce soit fixé une fois pour toutes, du " tout cuit ", donné d'avance...

– Rassure-toi pour ce qui est d'être donné... c'est encore tout vacillant, aucun mot écrit, aucune parole ne l'ont encore touché, il me semble que ça palpite faiblement... hors des mots... comme toujours... des petits bouts de quelque chose d'encore vivant... je voudrais, avant qu'ils disparaissent... laisse-moi... »

N. Sarraute, *Enfance*, Paris, Gallimard, « folio », 1983, Incipit, pp. 7-8.

2 - EXEMPLES D'AUTOPORTRAITS

Dans le genre de l'autoportrait, les peintres expriment les mêmes doutes, les mêmes désirs que les écrivains.

Considérant les manières diverses par quoi les artistes tentent de ressaisir leur vie, c'est-à-dire leur personne, on est porté à croire que l'autoportrait est à la recherche d'un **individu**. Mais que signifie ce mot? L'interprétation en diffère, selon qu'on s'en tient à la définition d'Aristote – « nous appelons individu ce qui est un et universel » – ou que l'on se réfère à celle de Jung – « l'individu psychologique est caractérisé par sa psychologie singulière ». Montaigne se veut universel; Rousseau se dit unique. Telle est la différence, fondamentale parce qu'elle sous-tend deux conceptions chronologiquement successives de l'homme. Selon la première, il fait partie du monde, comme un « microcosme » dans le « macrocosme » (la Renaissance avait cette vision des choses); mais la seconde lui donne son indépendance. L'individu échappe, dans la philosophie moderne, à l'ordre divin dans lequel on considérait qu'il était inscrit. Il est unique.

Dans ces conditions, la connaissance de l'individu est-elle possible? Ce qui est unique pourrait n'être pas communicable; ce qui est unique pourrait être contingent. Aussi, l'autoportrait dit toujours la surprise de l'artiste : il découvre dans le miroir que le réel est, alors qu'il pourrait ne pas être. Sait-il encore qu'il s'agit de son propre visage? La série des autoportraits de Rembrandt est une longue suite d'interrogations sur lui-même. L'œil droit, plus proéminent que le gauche, regarde de face. Il scrute, interrogeant l'image qui interroge le spectateur. Jeu de reflets, et permanente ambiguïté. Sans doute l'art, qui s'affronte à l'énigme de toute chose, trouve-t-il son plus grand sujet d'étonnement dans l'énigme de soi. Voir son visage jeune, le voir vieux, le peindre avec le même regard... Le peintre s'observe en général plus patiemment qu'il n'a observé personne. Il se déguise, ou prend des poses quelquefois.

Ou bien au contraire son visage est nu, il veut jouer la transparence. Rien cependant, ni la mise en scène où il se présente, ni la simplicité qu'il choisit, ne saurait répondre à la question « que suis-je ? ». Le peintre s'en remet au spectateur là-dessus, offrant ses yeux à ceux d'autrui, dans un échange de regards. Plus crûment que l'autobiographie, l'autoportrait en peinture est l'aveu d'un mystère.

A. Dürer, *Autoportrait au chardon* (1493),
Paris, Musée du Louvre.

Le peintre (1471-1528) lance un regard oblique sur son propre visage, dont l'expression hiératique est caractéristique de la plupart de ses portraits. Dürer se plait à donner aux corps des proportions idéales, inaugurant en Europe du Nord une esthétique classique qu'il a développée dans plusieurs traités (par exemple, *Les Quatre Livres des proportions du corps humain*).

R. H. Van Rijn, dit Rembrandt, *Autoportrait*,
Vienne, Kunsthistorisches museum.

Rembrandt (1606-1669) est l'un des artistes qui a le plus aimé se peindre. Vers 1657, cet autoportrait montre le visage dans sa maturité. Les signes de vieillissement y sont peints sans équivoque, et la ride frontale rapproche les yeux dans une expression d'attention inquiète : l'artiste paraît se surprendre en train de devenir un autre.

Van Gogh, *Autoportrait*, huile sur toile (1887), Paris, Musée d'Orsay.

Van Gogh (1853-1890) a laissé de nombreux autoportraits qui font suite à des dessins préparatoires, où il apparaît que l'étude des yeux et celle de la barbe font l'objet d'un travail particulier. La force du dessin donne au visage une rudesse qui est aussi bien la marque d'un caractère que d'un style où des traits concentriques cernent et captent le sujet.

J. Ensor, *Mon portrait entouré de masques* (1899), collection particulière.

Ensor (1860-1949) a souvent peint des masques. Son visage d'homme, dans la foule des simulacres, résume intensément la question des rapports entre apparence et réalité.

P. Picasso, *Autoportrait avec perruque* (1896),
Barcelone, Musée Picasso.

Picasso (1881-1973) s'est parfois représenté déguisé. Outre que c'est pour le peintre un exercice de style, ce stratagème impose qu'il se voie comme un autre. Il découvre son visage au spectateur en même temps qu'il se représente comme un personnage : double jeu de la transparence et de la transformation.

5

ANNEXES

L'ambiguïté du genre autobiographique ne peut être qu'amplifiée par les commentaires qu'il suscite. La critique moderne surtout s'intéresse à ce genre, dont Jean Starobinski donne l'enjeu : « Écrire et se cacher ». Réécrire et découvrir, c'est le travail des critiques. L'écriture du moi est plurielle. On n'en finira pas de reformer, dans l'interprétation des diverses lectures, la figure de l'homme que l'auteur voulait, une fois pour toutes, donner pour lui-même.

Les pages suivantes proposent une relecture des *Confessions* de Rousseau.

1 - RELECTURE DES *CONFESSIONS*

▪ La transparence et l'obstacle (Jean Starobinski)

Par l'écriture, Rousseau existe « comme une présence qui s'imposera aux autres à la fois par le prestige de l'absence et par la vibration de la sentence écrite ».

> « " J'aimerais la société comme un autre, si je n'étais sûr de m'y montrer non seulement à mon désavantage, mais tout autre que je ne suis. Le parti que j'ai pris d'*écrire et de me cacher* est précisément celui qui me convenait. Moi présent on n'aurait jamais su ce que je valais[1]. "
>
> « L'aveu est singulier et mérite qu'on le souligne : Jean-Jacques rompt avec les autres, mais pour se présenter à eux dans la parole écrite. Il tournera et retournera ses phrases à loisir, protégé par la solitude. Il donnera à son absence le sens le plus fort : la vérité est absente de cette société, j'en suis absent aussi, je *suis* donc la vérité absente; en opposant aux autres la valeur de mon moi, je leur oppose l'universelle autorité de la nature, qu'ils méconnaissent. Aux yeux de ceux qui vivent dans la confusion spirituelle, la vérité est scandaleuse et séduisante : je serai ce scandale et cette séduction.
>
> « Pour qu'on sache enfin ce qu'il vaut, Jean-Jacques s'éloigne et se met à composer des livres, de la musique… Il confie son être (sa personnalité) à un paraître d'une autre sorte, qui n'est plus son corps, son visage, sa parole concrète, mais le message pathétique d'un absent. Il compose ainsi une image de lui-même, qui s'imposera aux autres à la fois par le prestige de l'absence et par la vibration de la sentence écrite. Car Jean-Jacques, rêveur passionné, sait d'expérience que rien n'est fascinant comme une présence qui s'impose dans et par l'absence. " Hors l'Être existant par lui-

1. *Confessions,* livre III.

même, il n'y a rien de beau que ce qui n'est pas[2]. " En prenant " le parti d'écrire et de se cacher ", Jean-Jacques cherche à opérer la transmutation qui lui donnera, aux yeux des autres, la beauté de " ce qui n'est pas. "

« Écrire et se cacher. On s'étonne de l'égale importance que Rousseau donne à ces deux actes. Mais l'un ne va pas sans l'autre. Se cacher sans écrire, ce serait disparaître. Écrire sans se cacher, ce serait renoncer à se proclamer différent. Jean-Jacques ne s'exprimera que s'il écrit *et* se cache. L'intention expressive est dans l'un et l'autre geste, dans la décision d'écrire et dans la volonté de solitude. En rompant avec les autres, Rousseau entend leur signifier que son âme n'est pas faite pour les plaisirs communs. Le geste de la séparation parle autant que le texte même (d'où la nécessité où nous nous trouvons de tenir également compte de la pensée de Rousseau et de sa biographie).

« L'acte d'écrire vise un résultat qui ne peut pas être écrit, un but qui est hors de la littérature. Ses lecteurs se méprennent lorsqu'ils prétendent engager avec lui un débat d'idées. Ses critiques se fourvoient lorsqu'ils discutent ses qualités d'écrivain. Il ne s'agit pas de cela; il s'agit d'être reconnu comme une « belle âme », il s'agit de provoquer l'effusion d'un *accueil* qu'on ne lui avait pas accordé quand il s'est présenté en personne. Il se serait passé d'écrire, et même de parler, si cet accueil avait été possible au premier coup d'œil. »

Jean Starobinski, *Jean-Jacques Rousseau, La Transparence et l'Obstacle*, Gallimard, « Tel », 1971, pp. 152-153.

2. *La Nouvelle Héloïse.*

La quête de soi et la rêverie (Marcel Raymond)

La raison qui poussa Rousseau à écrire les *Confessions* serait d'ordre intime : saisir le bonheur « engendré par la réminiscence » – épisode de Mme Basile.

> « Se souvenir du bonheur, c'est en extraire l'essence émotive, en saisir les harmoniques dans leur pureté. Alors, l'angoisse de l'avenir momentanément suspendue, le présent desserrant son étreinte, le trouble du désir, après tant d'années, s'allège, se transmue en poésie. Pour que le temps de cette brève attente contrainte, aux pieds de Mme Basile, s'élevât jusqu'à une sorte d'existence absolue, il fallut cette réminiscence, cette contemplation, au miroir de la conscience, comme dans un tableau de Vermeer, d'une image à la fois très proche et très lointaine, où le désir se résout en incantation. Il fallut aussi, sans doute, cette attention prêtée aux mots sur la page blanche, et le travail d'un poète capable de tirer parti de leur puissance suggestive.
>
> « Il est des hommes qui vivent comme hors d'eux-mêmes, qui sont faits pour s'emparer, physiquement ou instrumentalement, du monde extérieur; esprits « positifs », qui discernent de prime abord, dans ce qui les entoure, les schémas d'une action possible. Rousseau n'est pas de ceux-là. Le souvenir et la rêverie, presque toujours mêlés, permettent aux zones les moins superficielles de son être de s'interpénétrer. Le sentiment du passé, le sens du présent, l'imagination du futur, au lieu de déterminer en lui des attitudes tranchées, tendent à se confondre et nourrissent la conscience qu'il acquiert peu à peu, et qui va s'approfondissant, de la continuité de son *moi.*
>
> « Mais c'est le bonheur engendré par la réminiscence qui atteint le point le plus haut de la transparence. »

M. Raymond, *Jean-Jacques Rousseau, La Quête de soi et la Rêverie*, Corti, 1962, pp. 59-60.

▪ Le livre I des *Confessions* (Philippe Lejeune)

L'ordre chronologique n'est qu'apparent. Un ordre mythique établit la structure des *Confessions* sur une opposition permanante entre bonheur et amertume. Les récits sont un retour au paradis perdu.

> « *L'ordre chronologique* : le récit donne une série de points de repères : les deux fessées de Mlle Lambercier auraient eu lieu plutôt vers le début du séjour (Rousseau se donne huit ou neuf ans) ; la scène du peigne cassé, plutôt vers la fin (p. 20 : " Nous restâmes encore à Bossey quelques mois ") ; de toute façon la fessée est antérieure à l'épisode du peigne cassé, puisque à propos de cet épisode Rousseau parle d'" amortir " ses sens dépravés. On pourrait croire alors le récit terminé, puisqu'on voit les deux enfants quitter Bossey : or Rousseau fait succéder au récit de la rupture un second récit émerveillé qui aboutit à deux anecdotes qui sont insituables dans le temps[3]. Chronologiquement, une seule chose est sûre pour le lecteur : que l'*histoire* du peigne est un épisode terminal, et irréversible ; mais cette évidence est pourtant atténuée par l'ordre du *récit*, qui en fait un événement médian, et réversible. À dire vrai, exactement comme pour l'âge d'or, la structure du récit a très peu de rapports avec la chronologie. La signification jaillit de l'ordre du texte, et non d'une anecdotique et impossible référence au calendrier.
>
> « *L'ordre mythique* : on retrouve d'abord le trait déjà noté à propos de l'âge d'or. La structure interne de ce récit est *circulaire*, ce qui est très étonnant pour une histoire qui est celle d'une rupture irréversible. Tout commence par une évocation de bonheur. Trois éléments nouveaux, mais tout de même bénéfiques (la campagne, l'étude, l'amitié), amènent le narrateur à évoquer l'harmonie parfaite du petit groupe au centre

---

3. L'anecdote du noyer, pourtant, doit être antérieure à l'épisode du peigne cassé, puisqu'il était dit, p. 21, « nous cessâmes de cultiver nos petits jardins ».

duquel se trouve l'enfant (p. 14) : on se croit revenu au temps de l'âge d'or. Mais cette harmonie est vite rompue : l'épisode de la fessée, et celui du peigne cassé, brisent l'éternité et mettent en marche le temps, pour le meilleur et pour le pire. On arrive au bas de la pente, et, semble-t-il, à la fin du récit. Jusqu'ici l'ordre est strictement descendant. À ce moment-là, on assiste à ce qu'on appellerait musicalement une reprise *da capo,* avec la brusquerie propre à ce type de reprise. Dans les trois dernières pages, c'est le thème du bonheur qui revient : et, exactement comme dans la dernière séquence de l'âge d'or, il est vu cette fois principalement à travers la mise en scène de la mémoire. Mais ce n'est pas un pur *da capo*; c'est plutôt une synthèse complexe du *bonheur* initial, et de la *rupture* médiane. Cette synthèse s'appelle la *revanche* : l'épisode de la culbute et celui du noyer sont exactement le *renversement* de l'épisode de la fessée et de celui du peigne cassé, et ils suggèrent non seulement un renversement de situation, mais un renversement du *sens* de la rupture, le passage du fantasme de l'exclusion au rite d'initiation. À la lumière de ce *da capo*, les deux événements centraux apparaissent dans une lumière très ambiguë : la rupture qui engendre l'histoire implique à la fois dégradation et progrès. On découvre là pour la première fois, dans la structure du récit du livre I, et au niveau de l'histoire de l'individu, le grand problème du *sens* de l'histoire. Fermant le récit de l'âge d'argent, ce *da capo* n'indique pas seulement une régression (retour en deçà de l'irréversible grâce à la mémoire), mais aussi un dépassement. »

Ph. Lejeune, *Le Pacte autobiographique*,
Le Seuil, 1975-1996, pp. 114-115

2 - EN GUISE DE CONCLUSION

■ Conditions et limites de l'autobiographie

Georges Gusdorf a soutenu en 1948 une thèse sur *La Découverte de soi.* Deux recueils de ses réflexions sont consacrés au même sujet : *Les Écritures du moi* et *Auto-Bio-Graphie.* Le passage suivant résume ce « combat douteux » de celui qui écrit contre et avec lui-même, pour les autres, et malgré le temps.

> « Il est clair que le récit d'une vie ne peut pas être simplement le double en image de cette vie. L'existence vécue se développe au jour le jour dans le présent, selon les exigences du moment, auxquelles la personne fait face de son mieux avec toutes les ressources dont elle dispose. Combat douteux, où les thèmes conscients, les initiatives, se mêlent confusément aux impulsions inconscientes, aux résignations et aux passivités. Chaque destinée opère sa trouée dans l'incertitude des hommes, des circonstances et de soi-même. Cette tension constante, cette charge d'inconnu, qui correspond à la flèche même du temps vécu, ne peut subsister dans le récit des souvenirs, fait après coup par quelqu'un qui connaît la fin de l'histoire. Tolstoï a montré, dans *Guerre et Paix*, l'immense différence qui existe entre la bataille réelle, vécue de minute en minute par les combattants angoissés, à peu près inconscients de ce qui se passe, même s'ils se trouvent dans la sécurité d'un état-major, et le récit de cette même bataille, mis en bel ordre logique et rationnel par l'historien, qui connaît toutes les péripéties du combat et son issue. Le même décalage existe entre une vie et sa biographie : " Je ne sais, écrivait Valéry, si l'on a jamais tenté d'écrire une biographie en essayant à chaque instant d'en savoir aussi peu sur l'instant suivant que le héros de l'ouvrage en savait lui-même au moment correspondant de sa carrière. En somme, reconstituer le hasard à chaque instant, au lieu de forger une suite que l'on peut résumer et une causalité que l'on peut mettre en formule. "

Le péché originel de l'autobiographie est donc d'abord celui de cohérence logique et de rationalisation. Le récit est conscience, et comme la conscience du narrateur mène le récit, il lui parait invinciblement qu'elle a mené sa vie. Autrement dit, la réflexion constitutive de la prise de conscience est transférée, par une sorte d'illusion d'optique inévitable, au niveau de l'événement lui-même. »

G. Gusdorf, *Auto-Bio-Graphie*, O. Jacob, 1990.

Et Gusdorf de conclure : « Il faut en prendre son parti et renoncer à l'objectivité. » Est-ce un si grand mal? La vérité littéraire est autre; « Je (disait Rimbaud) est un autre. »

3 - ORIENTATION BIBLIOGRAPHIQUE

Éditions de poche des Confessions *de Rousseau*

Garnier, Flammarion, 1968.

Le Livre de poche, 1972.

Gallimard, « Folio », 1973

Études sur Rousseau

Jean GUÉHENNO, *Jean-Jacques, histoire d'une conscience*, Paris, Gallimard, 1948-1952.

Philippe LEJEUNE, *Le Pacte autobiographique*, Paris, Le Seuil, 1975.

Marcel RAYMOND, *Jean-Jacques Rousseau, La Quête de soi et la rêverie*, Paris, José Corti, 1962.

Jean STAROBINSKI, *Jean-Jacques Rousseau : La Transparence et l'Obstacle*, Paris, Gallimard, « Tel », 1971.

Études générales

- Georges GUSDORF, *Auto-Bio-Graphie*, Odile Jacob, 1990.
- Robert MAUZI, *L'Idée de bonheur au XVIIIe siècle*, Paris, Albin Michel, 1994.

4 - À PROPOS DE QUELQUES AUTEURS

■ **Saint Augustin** (354-430)

Né en Afrique du Nord d'un père païen et d'une mère chrétienne (sainte Monique), il écrivit après sa conversion (387) des *Confessions* qui sont le récit de sa vie et de sa découverte de Dieu.

■ **Montaigne** (1533-1592)

Dans une époque déchirée par les guerres de Religion, Montaigne affirma sa volonté d'indépendance et de réflexion personnelle. Les *Essais* sont une libre méditation de Montaigne sur lui-même, et le développement de ses pensées.

■ **Chateaubriand** (1768-1848)

Issu d'une vieille famille bretonne, il connut la tourmente révolutionnaire, l'émigration, les fortunes diverses de la politique. Il était déjà un écrivain célèbre lorsqu'il rédigea ses *Mémoires*, qui devaient, d'après sa volonté, n'être publiés qu'après sa mort.

■ **Julien Green (né en 1900)**

Il était américain d'origine, mais grandit à Paris. La hantise du péché, la recherche de la paix de l'âme s'expriment dans la plupart de ses œuvres. *Partir avant le jour* est un récit d'enfance où les tensions intérieures semblent apaisées dans des souvenirs heureux.

■ **Nathalie Sarraute (née vers 1900)**

Nathalie Sarraute, née en Russie, se fixa à Paris dans les années vingt et commença une carrière d'écrivain qui la fit connaître après guerre, dans les années cinquante où elle formula, avec le groupe des « nouveaux romanciers », une critique de la littérature conventionnelle. *Tropismes* (1939) est son premier roman.

■ Marguerite Yourcenar (1903-1987)

Marguerite Yourcenar, d'origine belge, fut une grande voyageuse. Sa culture littéraire, son goût pour la civilisation antique l'amenèrent à concevoir son œuvre la plus célèbre : *Les Mémoires d'Hadrien.* Mais dans son propre passé également, l'auteur cherchait ses origines : *Souvenirs pieux*, *Archives du Nord* sont une enquête sur son passé familial.

5 - À PROPOS DE QUELQUES TERMES LITTÉRAIRES

Auteur : Celui qui produit une œuvre. À distinguer du narrateur. Balzac, en tant qu'écrivain, est l'auteur de *La Comédie humaine.*

Autobiographie : Ouvrage qui raconte la vie de son auteur. C'est le cas pour les *Confessions* de Rousseau ou pour *Les Mots* de Sartre.

Histoire : L'histoire relatée dans les *Confessions* est celle des dix-neuf premières années de Rousseau. Mais par opposition à ce que l'on appelle récit, l'histoire est la partie de la narration où l'auteur s'efface : elle conte les événements tels qu'ils se présentent.

Mémoires : Relation d'événements qui se sont passés durant la vie de l'auteur, et dans lesquels il a joué un rôle. Chateaubriand, dans les *Mémoires d'outre-tombe* se montre à la fois juge et acteur des événements auxquels il est mêlé.

Narrateur : Celui qui raconte l'histoire. Au sens le plus strict, celui qui transmet à la première personne les événements rapportés et les présente à travers son regard. Dans le roman de l'abbé Prévost, *Manon Lescaut*, un premier narrateur (« l'homme de qualité ») laisse la parole au héros de l'histoire (Le chevalier des Grieux) qui évoque ses souvenirs.

Recherche : La recherche du passé, œuvre de mémoire, trouve forme dans l'écriture. Proust l'a donnée pour fondement de *À la recherche du temps perdu.*

Récit : C'est une scène ordonnée par l'écrivain, qui lui confère un sens particulier. Le récit orne et infléchit l'histoire. Il s'en distingue par là même. Rousseau trouve dans le récit l'occasion d'interpréter en sa faveur quelques épisodes de sa vie.

Vérité : La question de son rapport à la réalité est essentielle dans les *Confessions.* V. Hugo disait : « La vérité de l'art ne saurait jamais être [...] la réalité absolue. L'art ne peut donner la chose même. »

Crédits photographiques

Photo de couverture : © Giraudon.

p. 103 : © Lauros-Giraudon ; p. 104 : photo © Erich Lessing-Magnum ; p. 105 : photo © Erich Lessing-Magnum ; p. 106 : © Lauros-Giraudon ; p. 107 : © Lauros-Giraudon.

Aubin Imprimeur
LIGUGÉ, POITIERS

Achevé d'imprimer en juillet 1997
N° d'impression L 54255
Dépôt légal juillet 1997
Imprimé en France